Alltagsleben in Pompeji

Aus dem Italienischen von
Katja Richter

Lektorat der dt. Ausgabe
Gabriela Wachter

Satz
Birgit Zschunke

Druck und Bindung
Giunti Industrie Grafiche S.p.A. – Prato

Umschlaggestaltung
Raffaele Anello

Karten
Sergio Biagi

Die Abbildungen stammen, wenn nicht anders vermerkt,
aus dem Archivio Iconografico Giunti.

Die Originalausgabe erschien
unter dem Titel "Pompei, La vita quotidiana"
© 2003 bei Giunti Editore S.p.A., Florenz-Mailand

Für die deutsche Ausgabe
© 2006 Parthas Verlag
Stresemannstraße 30
10963 Berlin
www.parthasverlag.de

ISBN 978-3-86601-875-4

Sergio Rinaldi Tufi

Alltagsleben in Pompeji

Parthas

Inhalt

Einleitung   6

Die Ausgrabung der Stadt   8

Die Entdeckung und die ersten Ausgrabungen   9

Gezieltere Forschungen und Fiorellis Gipsabgüsse   12

Die »Herrschaft« des Amedeo Maiuri   16

- Goethe in Pompeji 10
- Herculaneum, Stabiae und Oplontis 14
- Amedeo Maiuri 16

Von der Gründung bis zum Vulkanausbruch   18

Die ersten Siedlungen am Vesuv   20

Samnitische Expansion und römische Eroberung   23

Die Blütezeit und die Bedrohung durch den Vulkan   25

Zeugnisse der Zerstörung Pompejis   26

- Die Anwohner des Sarno 20
- Der Zorn des Vesuv richtet sich gegen Pompeji 26
- Plinius der Ältere und Plinius der Jüngere 30

Städtebau und Architektur   32

Das Forum   35

Die Theatergebäude   38

Das Amphitheater   41

Die Forumsthermen und die Stabianer Thermen   43

Tempel und Grabmäler   45

Wohngebäude   48

- Die Struktur der Stadt 34 • Steine zum Bauen 39
- Die Grabstätten in Ostia 49 • Ein besonderer Bindestoff: der Kalk 52
- Das Haus der Vettier 54

Berufe, Handwerk, Kunst und Religion   58

Römische Siedler für die Kolonie Pompeji   60

Die verschiedenen Berufe   62

Öffentliche und private Bauwerke   70

Die darstellenden Künste   74

Händler und Handelsstrukturen   78

Götter und Kulte   79

• Die *programmata* 64   • Die täglichen Mahlzeiten 67
• Die Herstellung von Brot 68   • Die Bautechniken 71
• Die Wasserversorgung 72   • Der Mysterienkult der Isis 82

Malerei und Mosaiken   84

Die pompejanischen Malstile   86

Emblemata und Mosaike   92

Häuser und Unterkünfte von Händlern und Bankiers   94

• Nutzgärten und Ziergärten 89
• Das Haus des Fauns 94
• Die Mysterienvilla 96

***Otium* und *negotium*: Zerstreuung und Arbeit**   100

Zwischen Gaststätten und Theatern   102

Die Gladiatorenspiele   105

Eros in Pompeji   111

• Die *fullonica* des Stephanus 103
• Das Thermopolium 104
• Die Spiele im Amphitheater 106

Pompejis Frauen   114

Begriffe und Kuriositäten der Prostitution   116

Die Rolle der Frau in der Gesellschaft   118

Zeugnisse von Frauen   120

• Die männliche Prostitution 117
• Die Zeremonie der Ehe 120

Chronologie   122

Literaturempfehlungen   124

Einleitung

Warum sollte man Pompeji, der – noch vor Herculaneum, Stabiae und Oplontis – wichtigsten Stadt am Fuße des Vesuv, einen Band dieser Reihe widmen? Heute, beinahe 2000 Jahre nach dem schicksalhaften Ausbruch des Vulkans im Jahre 79 n. Chr., zweieinhalb Jahrhunderte nach dem Beginn der Ausgrabungen durch die Bourbonen, nachdem Hunderte von Publikationen erschienen sind, nach Dutzenden von Ausstellungen in den letzten Jahrzehnten, die Pompeji aus verschiedensten Blickwinkeln beleuchtet haben? Riskieren wir nicht, uns zu wiederholen und altbekannte Wege erneut zu beschreiten? Wir glauben, dass es sich lohnt, dieses Risiko einzugehen. Das Interesse an Pompeji ist ungebrochen, ja es wächst sogar. Die große Zahl an Ausstellungen und Publikationen ist nur ein besonders auffälliger Aspekt einer neuen Umgangsweise mit den archäologischen Schätzen. Der Ausgrabungsplatz in Pompeji hat jetzt eine eigene Verwaltung, die natürlich weiterhin mit der Soprintendenza (Denkmalamt) und mit dem Ministerio dei Beni Culturali (Amt für Kulturgüter), das nach wie vor mit der Instandhaltung und den Ausgrabungen betraut ist, zusammenarbeitet. Des Weiteren wurde das Amt eines »City-Managers« eingeführt.

Diese Maßnahmen haben zu einer größeren Beweglichkeit geführt. U. a. wurden endlich verschiedene Servicestellen (Verkaufs- und Verpflegungsstätten) eingerichtet. Was die Erschließung betrifft, so hat das Denkmalamt inzwischen umfangreiche Studien, Restaurierungsmaßnahmen und die Anlegung didaktischer Rundgänge veranlasst. Mit Sicherheit ist Pompeji mit zwei Millionen Besuchern im Jahr die meist besuchte archäologische Ausgrabungsstätte Italiens, und Unannehmlichkeiten bleiben, vor allem an Tagen mit größerem Andrang, auch jetzt nicht aus. Immerhin ist man in Pompeji jedoch seit dem Jahr 2000 endlich offen für neue Entwicklungen. Um die alten, etwas belasteten Beziehungen zwischen den Institutionen zu überwinden, ist außerdem an sämtliche italienische Universitäten sowie an zahlreiche ausländische Akademien ein Appell zur Zusammenarbeit gerichtet worden, der in vielen Fällen bereits erhört wurde: So kam es z. B. zu dem Projekt in der Region I der Stadt (Via dell'Abbondanza) unter Mitarbeit von zwei Soprintendenzen (Pompeji und Neapel-Caserta) und drei ausländischen Institutionen (einer holländischen, einer spanischen und einer englischen). Was wir hier erzählen möchten, ist teilweise auch das Ergebnis der Forschungen, die in diesem neuen Klima unternommen wurden. Dieses Buch ist kein systematischer »Reiseführer« für Pompeji. Es will vielmehr versuchen, den Alltag der Pompejaner zwischen den Tempeln, Häusern, Straßen, Thermen, Theatergebäuden, Bordellen, thermopolia (Garküchen) und cauponae (Gastwirtschaften) zu rekonstruieren. Einen Alltag, der auf erbarmungslose Weise beendet wurde. Aber eben dieses so plötzliche Ende beschert uns heute das Bild einer Stadt, die im Moment ihrer Vernichtung noch voller Leben war, die nach dem Erdbeben 62 n.Chr. gerade wieder aufgebaut wurde und die nicht am Ende einer langen Niedergangsphase oder bereits verlassen worden war.

S. R. T.

Die Ausgrabung der Stadt

- Die Entdeckung und
  die ersten Ausgrabungen

- Gezieltere Forschungen und
  Fiorellis Gipsabgüsse

- Die »Herrschaft« des Amedeo Maiuri

79 n. Chr. stellen Sonderbeauftragte des Kaisers Titus fest, dass die blühende Stadt Pompeji durch den Ausbruch des Vesuv vernichtet wurde. Die Geschichte der von Sulla gegründeten kampanischen Stadt endet in diesem Jahr. Im 17. Jahrhundert beginnen die berühmtesten Ausgrabungen der Welt. Ersten zufälligen Funden folgen immer umfassendere und genauere Forschungen, die eine Perle der römischen Zivilisation zu Tage fördern. Auch Goethe besucht die Ausgrabungen. Archäologen wie Amedeo Maiuri stehen einer gewaltigen Menge außergewöhnlichen Materials gegenüber, das ihnen ermöglicht, die sozial-ökonomische Struktur und das Alltagsleben der antiken Römer zu rekonstruieren – und wieder lebendig werden zu lassen.

© Corbis / Grazia Neri

79 n. Chr.: Schicksalsjahr für Pompeji, Herculaneum, Stabiae und Oplontis. Die von Asche und Lava verschüttete Stadt ist unwiederbringlich verloren. So stellt es sich den Sonderbeauftragten *(curatores restituendae Campaniae)* dar, die sofort nach der Katastrophe zum Vesuv entsandt werden, und auch Kaiser Titus (79–81 n. Chr.), der die Region im darauffolgenden Jahr besucht. Nur die Spitzen der höchsten Gebäude und die Säulen des Forums sind noch zu sehen. Zwar wird der Ackerbau in der Vesuvregion bald wieder aufgenommen und die Straßen werden nach und nach wieder hergestellt, aber noch im Mittelalter sind die Ansiedlungen, die an den Stellen von Pompeji (Civita) und Herculaneum (Resina) entstanden sind, völlig unbedeutend.

Auf Seite 6, Statuette des tanzenden Fauns aus dem Haus des Fauns (Neapel, Archäologisches Nationalmuseum).
Oben, ein Panorama von Pompeji; im Hintergrund der Vesuv.
Unten, Kamee aus Pompeji.

Die Entdeckung und die ersten Ausgrabungen

Nach Jahrhunderten, in denen man sich an Pompeji kaum erinnert, werden am Ende des 17. Jahrhunderts in Civita zufällig einige Ruinen, Inschriften und Münzen gefunden.

Folgenreicher ist die Entdeckung einiger Skulpturen in Resina im folgenden Jahrhundert: Sie veranlasst die Bourbonen dazu, Ausgrabungen einzuleiten. 1738 wird in Herculaneum und 1748 in Pompeji mit den Arbeiten begonnen. Hier weiß man schon 1763, um welchen Ort es sich handelt, da man eine Inschrift gefunden hat, die von der *Respublica Pompeianorum* spricht.

»Die mumisierte Stadt«

Goethe in Pompeji

am Tor, der Tempel, sodann auch eine Villa in der Nähe, mehr Modell und Puppenschrank als Gebäude. Diese Zimmer, Gänge und Galerien aber aufs heiterste gemalt, die Wandflächen einförmig, in der Mitte ein ausführliches Gemälde, jetzt meist ausgebrochen, an Kanten und Enden leichte und geschmackvolle Arabesken, aus welchen sich auch wohl niedliche Kinder- und Nymphengestalten entwickeln, wenn an einer andern Stelle aus mächtigen Blumengewinden wilde und zahme Tiere hervordringen. Und so deutet der jetzige ganz wüste Zustand einer erst durch Stein- und Aschenregen bedeckten, dann

»[...] Mit Tischbein fuhr ich nach Pompeji, da wir denn alle die herrlichen Ansichten links und rechts neben uns liegen sahen, welche, durch so manche landschaftliche Zeichnung uns wohlbekannt, nunmehr in ihrem zusammenhängenden Glanze erschienen. Pompeji setzt jeder-

mann wegen seiner Enge und Kleinheit in Verwunderung. Schmale Straßen, obgleich grade und an der Seite mit Schrittplatten versehen, kleine Häuser ohne Fenster, aus den Höfen und offenen Galerien die Zimmer nur durch die Türen erleuchtet. Selbst öffentliche Werke, die Bank

Was jetzt beginnt, sind keine Ausgrabungen, sondern vielmehr wird die Erde durchwühlt. Es geht nicht darum, Gebäude freizulegen und neue Kenntnisse zu erlangen, sondern vor allem darum, Skultpuren, Luxusobjekte und Fresken, die man von den Wänden ablöst, zu sammeln. In Neapel wird eine riesige Menge

aber durch die Aufgrabenden geplünderten Stadt auf eine Kunst- und Bilderlust eines ganzen Volkes, von der jetzo der eifrigste Liebhaber weder Begriff, noch Gefühl, noch Bedürfnis hat.

Bedenkt man die Entfernung dieses Orts vom Vesuv, so kann die bedeckende vulkanische Masse weder durch ein Schleudern noch durch einen Windstoß hierher getrieben sein; man muß sich vielmehr vorstellen, daß diese Steine und Asche eine Zeitlang wolkenartig in der Luft geschwebt, bis sie endlich über diesem unglücklichen Orte niedergegangen.

Wenn man sich nun dieses Ereignis noch mehr versinnlichen will, so denke man allenfalls ein eingeschneites Bergdorf. Die Räume zwischen den Gebäuden, ja die zerdrückten Gebäude selbst wurden ausgefüllt, allein Mauerwerk mochte hier und da noch herausstehen, als früher oder später der Hügel zu Weinbergen und Gärten benutzt wurde. So hat nun gewiß mancher Eigentümer, auf seinem Anteil niedergrabend, eine bedeutende Vorlese gehalten. Mehrere Zimmer fand man leer und in der Ecke des einen einen Haufen Asche, der mancherlei Hausgeräte und Kunstarbeiten versteckte.

Den wunderlichen, halb unangenehmen Eindruck dieser mumisierten Stadt wuschen wir wieder aus den Gemütern, als wir, in der Laube zunächst des Meeres in einem geringen Gasthof sitzend, ein frugales Mahl verzehrten und uns an der Himmelsbläue, an des Meeres Glanz und Licht ergötzten, in Hoffnung, wenn dieses Fleckchen mit Weinlaub bedeckt sein würde, uns hier wiederzusehen und uns zusammen zu ergötzen. Näher an der Stadt fielen mir die kleinen Häuser wieder auf, die als vollkommene Nachbildungen der pompejanischen dastehen. [...]«

J. W. von Goethe, *Italienische Reise*, aus: *Goethes Werke*, HA, Bd. 11, München, 1981.

Rechts, Sir William Hamilton und andere Prominente beobachten die Ausgrabungen des Isis-Tempels 1765 in einem Druck von Pietro Fabris. Unten, Druck mit Ansicht des hinteren Teils des Forums in Pompeji (Mailand, Bibliothek Braidense).

von Material zusammengetragen, das in ganz Europa Enthusiasmus auslöst. 1787 besucht Johann Wolfgang von Goethe (1749–1832) die Ruinen. Kenntnisreich, aber wenig ehrenhaft ist das Interesse des englischen Botschafters Sir William Hamilton, der einen florierenden Handel mit den Kunstwerken betreibt. Ende des 17. Jahrhunderts entstehen die Sammlungen der königlichen Villa in Portici und später des Real Museo Borbonico, das den Kern des Archäologischen Nationalmuseums in Neapel bildet.

Gezieltere Forschungen und Fiorellis Gipsabgüsse

Nach der napoleonischen Epoche wird Neapel beim Wiener Kongress erneut den Bourbonen zugesprochen, und Franz I. (1777–1830) fördert die Wiederaufnahme der

Forschungen. Doch auch jetzt handelt es sich weniger um wissenschaftliche Ausgrabungen als um eine Jagd nach Schätzen. Die wenigen existierenden Ausgrabungsberichte sind einfache Inventare der kostbarsten Objektfunde. Die

Grundrisse der Gebäude werden nicht dokumentiert, die abgesuchten Zonen werden sofort wieder verschüttet. Ein erster Wandel zeichnet sich unter Giuseppe Garibaldi (1807–82) ab: Im Jahr 1861 wird die Leitung des Museums einer außergewöhnlichen Persönlichkeit anvertraut, deren Spezialgebiet allerdings nicht die Archäologie ist: Alexandre Dumas »senior« (1802–70). Die entscheidende Wende bringt jedoch erst das Jahr 1863, als Giuseppe Fiorelli die Leitung der Ausgrabungen übergeben wird, die er bis 1875 behält. Fiorelli leitet einheitlichere Forschungen ein und setzt eine Gruppe von Grabungswächtern ein. Er ist auch der Erfinder der seit 1863 hergestellten Gipsabgüsse der Personen, die während des Ausbruchs gestorben sind. Hierfür werden die Hohlräume, die durch die Verwesung der Körper in der kompakten Schicht aus vulkanischer Asche entstanden sind, mit flüssigem Gips gefüllt. So entstehen Figuren von Männern, Frauen und Kindern oder auch von Pflanzen und Tieren.

Obwohl die Tätigkeiten Fiorellis bemerkenswert sind, bleiben sie der Tradition vorhergehender Generationen verhaftet. Zwar kommt ihm das Verdienst zu, sich als erster um eine Rekonstruktion des Stadtplans bemüht zu haben. Aber gleichzeitig werden die freigelegten Gebäude meist weder gesichert noch restauriert, und die kostbaren Fundstücke wandern in das Museum von Neapel.

Die Nachfolger Fiorellis sind ebenfalls angesehene Gelehrte, wie etwa Ettore Pais und Giulio De Petra, die jedoch auf solche Hindernisse in der Verwaltung stoßen, dass die Ausgrabungen für einige Zeit still stehen. Über-

Unten, James Hamilton (1819–78), Die letzten Tage von Pompeji, Ölgemälde von 1864.

Herculaneum, Stabiae und Oplontis

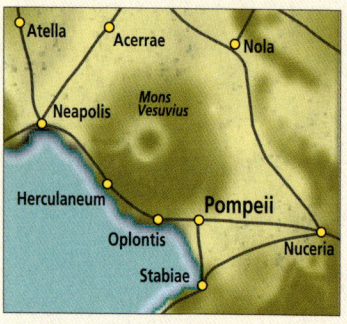

Pompeji hat im kollektiven Gedächtnis einen festen Platz. Doch sollten deswegen nicht die anderen Orte am Vesuv in Vergessenheit geraten: Herculaneum, Stabiae und Oplontis. Herculaneum (an dessen Stelle heute die Ortschaft Resina liegt) erhebt sich auf einer Anhöhe in Sichtweite des Meeres nicht weit von Neapel und Pompeji. Es liegt zwischen zwei Schluchten, in einer durch das Erdbeben 79 n. Chr. stark veränderten Landschaft. Nach alten Legenden wurde die Stadt von Herkules gegründet. Sie wird für die gesunde Luft (Strabon) und für die Sicherheit der Häfen (Dionysios von Halikarnassos) gelobt, ihre ursprüngliche Hauptfunktion war jedoch die eines Kontrollpunktes an der Küstenstraße des Golfs. Nacheinander von Oskern, Etruskern und Pelasgern bewohnt (wie Strabon berichtet), wird Herculaneum in seiner Entwicklung während des archaischen und klassischen Zeitalters vom griechischen Cumae und vom etruskischen Capua beeinflusst. Am Ende des 5. Jh. v. Chr. wird es von den Samniten besetzt, ist dann wahrscheinlich verwickelt in die Zusammenstöße zwischen diesen und den Römern und wird schließlich während des Bundesgenossenkrieges (90–88 v. Chr.) von T. Didio, dem Legaten Sullas, erobert. 89 v. Chr. wird Herculaneum zum Municipium. Die Straßen der Stadt, die von einer Mauer umgeben ist, kreuzen sich rechtwinklig. Unter ihnen sticht der breite Decumanus hervor, der dem Fußgängerverkehr vorbehalten ist. In dem uns bekannten Teil der Stadt, der ungefähr einem Viertel ihrer gesamten Ausbreitung entspricht, fehlt es nicht an wichtigen öffentlichen Gebäuden wie Basilika, Thermen, Theater und Palästra. In ihnen wurden bedeutende Skulpturen gefunden. Bemerkenswert sind jedoch vor allem die zahlreichen, zum Teil sehr alten Privathäuser im »italischen« Stil, d. h. mit verschiedenen Räumlichkeiten, die um ein Atrium angeordnet sind (und sich hin und wieder an die Stadtmauern anlehnen, die durch den augusteischen Friedensschluss funktionslos geworden waren) sowie die luxuriösen Vorstadt-

villen. Es sind verschiedene Phasen stärkerer Bautätigkeit belegt, und sicherlich wurden nach dem Erdbeben von 62 viele Gebäude restauriert, die der Vesuv unter Schlamm begräbt. Dieses Schicksal erleidet auch die großartigste Villa Herculaneums, die Villa der Pisoni, auch »Villa dei Papiri« genannt, da sie eine umfangreiche Bibliothek enthält. Zahlreich sind auch die Skulpturen aus der Villa, die wohl einst eine schöne Privatsammlung bildeten. Besitzer der Villa war vermutlich L. Calpurnius Piso Caesoninus, der Schwiegervater von Caesar. Stabiae (heute Castellamare di Stabia), das mit einem guten natürlichen Hafen am südöstlichen Ende des Golfs von Neapel ausgestattet ist, war zunächst eine Stadt der Osker. Nach der Eroberung Kampaniens durch die Samniten gehört sie dem Bündnis um Nocera an. Während des Krieges der Samniten gegen Rom liegt hier die logisti-

sche Basis der Flotte. Im Bundesgenossenkrieg wird Stabiae 89 v. Chr. von Sulla zerstört. Was danach wieder entsteht, ist keine Stadt im eigentlichen Sinn, sondern eher ein Heilzentrum und ein Ort des Müßiggangs (otium) für reiche römische Familien. Die ältesten Epochen der Stadt sind lediglich durch Nekropolen bezeugt, allerdings durch sehr bedeutende, wie z. B. die an der Straße nach Nocera, die zwischen dem 8. und dem 2. Jh. v. Chr. genutzt wurde. Bedeutend sind die Ruinen der römischen Villen: Auf einer Höhe, die heute »Varano« genannt wird, fand man eine Anlage, die sich über ein Areal von 1 000 m² erstreckt. Unter den Bauelementen der Wohnhäuser verdient die porticus triplex besondere Aufmerksamkeit, ein Hof, der auf drei Seiten

von einem Säulengang umgeben ist. Er wird auch von Vitruv beschrieben. Die Lage der Wohnhäuser ist durch das Gefälle des Terrains bestimmt, dessen Unebenheiten das Aufschütten von Rampen und Terassierungen notwendig machte. Oplontis (nahe dem heutigen Torre Annunziata) bestand im Moment des Vesuvausbruchs ebenfalls hauptsächlich aus Villen und Bädern. Bei der Katastrophe wurde es teils wie Herculaneum mit Schlamm und teils wie Pompeji mit Asche und Lapilli verschüttet. Der größte Wohnsitz, von dem die freskierten Privaträume, die Baderäume und die Gärten bekannt sind, soll Poppaea Sabina, der zweiten Frau Neros, gehört haben.

Links, Fresko aus Oplontis (Ausschnitt).
Oben, Reiterstatue von Marcus Nonius Balbus, Wohltäter von Herculaneum.

Ein richtungsweisender
Archäologe

Amedeo Maiuri
(1886–1963)

*Er studiert Archäologie
an der Universität in
Rom. Nachdem er an
einer archäologischen
Ausgrabung auf Kreta
teilgenommen hat, wird
er Inspektor beim Denk-
malamt in Neapel, das
zu dieser Zeit von Spi-
nazzola geleitet wird.
1924–61 leitet er das
Denkmalamt für die
Antiken in Kampanien
und Molise. 1961 grün-
det er das Archäologi-
sche Museum von Rho-
dos und führt zahlreiche
Grabungen auch auf den
anliegenden Inseln und
in der Region Karien in
Anatolien durch.
Seine Ausgrabungen
werden stets von Publi-
kationen begleitet, die
sich entweder auf ho-
hem wissenschaftlichen
Niveau bewegen oder
populärwissenschaftli-
chen Charakter tragen.
Insgesamt werden ihm
mehr als 300 Publika-
tionen zugeschrieben,
darunter Monographien,
Artikel und Reiseführer.*

ragend ist das Wirken von Michele Ruffero, Antonio Sogliano und Vittorio Spinazzola. Letzterem, der 1910 zum Direktor ernannt wird, ist die Weiterführung der Ausgrabung der Via dell'Abbondanza zu verdanken, die sich vom Forum bis zum Amphitheater erstreckt und zu den belebtesten Straßen gehörte. Jetzt beginnt man auch, sorgfältigere Ausgrabungen durchzuführen, die Schicht um Schicht freilegen. Dabei werden die Mauern und Fassaden der Gebäude schrittweise offengelegt, um sie dann zu dokumentieren und zu restaurieren.

Die »Herrschaft« des Amedeo Maiuri

Auf die Zeit unter Spinazzola, der 1923 wegen seiner liberalen Ideen von der faschistischen Regierung abberufen wird, folgt die lange »Herrschaft« (1924–62) des berühmten Archäologen Amedeo Maiuri. Maiuri wirkt unter dem Faschismus in einem nationalistischen und triumphalistischen Klima. Trotzdem sind die von ihm geleiteten Arbeiten bemerkenswert. Noch immer wird in der Via dell' Abbondanza ausgegraben, daneben die Mysterienvilla und das Haus des Menander. Maiuri führt die stratigraphische Ausgrabungsmethode ein, die erstmals beim Forum, beim Forum Triangolare und beim Haus des Chirurgen angewandt wird. Auch die Anzahl der Restaurierungsmaßnahmen nimmt zu. Diese Epoche intensiver Tätigkeit wird durch den Zweiten Weltkrieg und vor allem durch die Bombardements der Alliierten 1943 unterbrochen.

Nach dem Krieg bleibt Maiuri im Amt. Eine außergewöhnliche Situation ergibt sich, als die Autobahn zwischen Neapel und Salerno realisiert wird: Im Austausch gegen die Lapilli (Lavabröckchen), die sich hervorragend als Baumaterial eignen, liefern die Firmen, die die Autobahn bauen, zahlreiche Arbeitskräfte für die pompejanischen Ausgrabungen. Als Ergebnis dieses einzigartigen Tauschs werden die Ausgrabungen mit äußerster Schnelligkeit (die Ausgrabung des Hauses der Ceres 1951 dauert nur drei Monate), leider teilweise unvollständig durchgeführt und unzulänglich dokumentiert.

Unter Maiuris Nachfolgern werden keine Ausgrabungen größeren Stils mehr eingeleitet. Von nun an wird nur noch in begrenzten Gebieten mit größerer wissenschaftlicher Strenge und mit sorgfältiger Dokumentation gearbeitet. Die größte Sorge gilt der Eindämmung des Verfalls der antiken Stadt und der bestmöglichen Sicherung vor Schäden durch neue Naturkatastrophen, wie das Erdbeben von 1980. Erst in den letzten Jahren erfolgt die »Wende«, von der in der Einleitung des Buches gesprochen wird.

Gegenüberliegende Seite, Rekonstruktion der Via dell'Abbondanza von Spinazzola.
Unten, Gipsabgüsse einiger Einwohner von Pompeji, überrascht und getötet von dem Lavaregen im Jahr 79 n. Chr.
Ganz unten, das Forum von Pompeji und der Vesuv.

Von der Gründung bis zum Vulkan-ausbruch

- Die ersten Siedlungen am Vesuv

- Die samnitische Expansion und die römische Eroberung

- Die Blütezeit der Stadt und die Bedrohung durch den Vulkan

- Zeugnisse der Zerstörung Pompejis

Griechen, Etrusker und Samniten sind die ersten Siedler des Vesuvgebietes. Später über-nimmt Rom die unangefochtene Herrschaft über die Region. 80 v. Chr. gründet Sulla die Colonia Veneria Cornelia Pompeianorum. *Bald erlebt die Stadt ökonomischen und sozialen Aufschwung, doch eine Gefahr schwebt über ihr: der Vesuv. Das »Vorspiel« ihrer Zerstörung ist das Erdbeben im Jahr 62 n. Chr., das große Schäden verursacht. 79 n. Chr. stürzt dann die »letzte und ewige Nacht der Welt« über Pompeji herein. Plinius d. Ä. und Plinius d. J. – Onkel und Neffe – beschreiben die letzten Augenblicke der Stadt, die zwischen 13 Uhr am 24. August und 8 Uhr des folgenden Tages vernichtet wird.*

Ende des 7. Jh. v. Chr. entsteht auf einem Ausläufer des Vesuv, ca. 30 m über dem Meer am Flusslauf des Sarno eine erste Siedlung. Sie ist nicht weit vom Meer entfernt und verfügt über ein fruchtbares Hinterland. Die ältesten Funde, die Sondierungsgrabungen im Gebiet des Forum Triangolare und an einem »Sant'Abbondio« genannten Ort am Fuß der Anhöhe zu Tage gefördert haben, gehören der Fossa-Kultur an, die ihren Namen aufgrund der Bestattung der Toten in Bodengräbern (*fossa =* Graben) trägt. Neben dieser Kultur, die vor allem entlang der kampanischen Küste verbreitet war, ist im Inneren Kampaniens und in der Emilia die ebenfalls sehr bekannte Villanova-Kultur bezeugt (vor allem in Capua und Nola), die ab dem 8. Jh. v. Chr. nachweisbar ist.

Oben, Pierre-Henri de Valenciennes (1750–1819), Der Ausbruch des Vesuv und der Tod des Plinius, Gemälde von 1813 (Tolosa, Augustinermuseum).
Unten, seitliche Sima aus Terrakotta mit Traufe in Form eines Löwenkopfes, dorischer Tempel auf dem Forum Triangolare, 6. Jh. v. Chr.

Unten, eine der kleinen Inseln im Gebiet von Poggiomarino, von Kanälen begrenzt, die Ränder mit senkrecht gesetzten Baumstämmen verstärkt, die dann durch quadratische Balken ersetzt wurden.

Die ersten Siedlungen am Vesuv

Eine eigentliche Niederlassung entsteht am Vesuv vermutlich erst Mitte des 7. Jh. v. Chr. Wahrscheinlich handelt es sich jedoch nicht um eine größere Ortschaft, da auf der Tuffsteinanhöhe das Wasser knapp ist. Es ist wohl eher ein Markt, der von der günstigen Kontroll-Lage am Fluss profitiert: Hier treffen die antiken Verbindungswege aus Cumae, Nola, Stabiae und anderen großen Siedlungen im

Die Anwohner des Sarno

Wenden wir uns dem Sarno zu, jenem Fluss, der nicht weit von Pompeji entlangfließt und der bei einem Hochwasser 1998 Menschen und Häuser unter Schlamm begrub. Die Kritik ist noch immer nicht verstummt, weder gegenüber jenen, denen es nicht gelang, die Situation unter Kontrolle zu bekommen, noch gegenüber jenen, die im Verdacht stehen, mit dieser Tragödie (und den Wiederaufbauarbeiten) spekuliert zu haben. Lenken wir den Blick 3 000 Jahre zurück, so finden wir frühe »Vorläufer« dieser Katastrophe. So viele Jahre zurückzublicken ermöglichen uns die Ausgrabungen in Poggiomarino, einem Ort ungefähr 20 km bergaufwärts von Pompeji am Fluß gelegen. Hier wurden Reste einer Pfahlbausiedlung gefunden, die zwischen dem 14. und dem 6. Jh. v. Chr. bewohnt war; eine unerwartete Entdeckung, da Pfahlbauten, Terramare und ähnliche »amphibische« Siedlungsformen bisher vor allem von den Seen der Alpen bekannt sind (und vom Lago di Bolsena).

Die Siedlung wird den »Sarrasti« zugeschrieben, einem der Stämme des Sarnotals, der von antiken Autoren oft gemeinsam mit den Oskern, den Etruskern, den Samniten und den Pelasgern genannt wird. Die Sarrasti standen

Landesinneren zusammen, für die der Platz einen wichtigen Vorposten in Sichtweite des Meeres bildet.

Seit dem 6. Jahrhundert sind Griechen und Etrusker, die oft in Auseinandersetzungen miteinander verwickelt sind, die wichtigsten Bevölkerungsgruppen des Gebiets. Wie weit der Einfluss der Etrusker

Links, Bronzegefäß, Mitte des 6. Jh. v. Chr. aus Capua (Kopenhagen, Dänisches Nationalmuseum). Unten, Krater, letztes Drittel des 8. Jh. v. Chr. aus einer Werkstätte in Pithecusa (Sarno, Museum).

im Austausch mit den Griechen auf der Insel Pithekoussai (Ischia), der ältesten griechischen Kolonie im Westen. Sie waren Meister in der Verarbeitung von Holz, das sie zum Bau ihrer Hütten benutzten. Außerdem errichteten sie aus Holz, Tonscherben, Steinen und Knochen kleine künstliche Inseln und Dämme, die vor dem Hochwasser schützen sollten. Diese Gefahr war, damals wie heute, stets präsent. Daraus, dass die Ausgräber (unter Leitung des französischen Archäologen Claude Albore Livadie vom Centre

National de la Recherche Scientifique und des Denkmalamts Pompeji) in Poggiomarino acht bewohnte Schichten nachweisen konnten, kann man schließen, dass die Siedlung mehrere Male verlassen und dann wieder aufgebaut wurde. Die Sarrasti versuchten auch die Herrschaft des Flusses einzudämmen, indem sie Ablaufkanäle für das überschüssige Wasser anlegten. Den Wasserstand zu kontrollieren bedeutete nicht nur, den häufigen Überschwemmungen vorzubeugen, sondern auch, die Schiffbarkeit des Sarno zu erhalten.

Die massenhafte Verarbeitung von Holz als Baumaterial war vermutlich Anlass einer großflächigen Abholzung, die sich (wie es heute noch geschieht) verheerend auswirkte: Irgendwann im Verlauf des 6. Jh. v. Chr. ereignete sich vermutlich eine Überschwemmung, die gewaltiger war als alle vorangegangenen. Die Sarrasti mussten ihre Siedlung endgültig aufgeben. Den Wissenschaftlern des französischen CNRS und des Denkmalamtes zufolge bewegten sie sich flussabwärts in Richtung Tal und gründeten eine neue Stadt, die sie umsichtig auf einem Plateau anlegten: Pompeji. Aber das ist eine andere Geschichte …

Etruskische Siedlungen in Kampanien

Capua
Calatia
Suessula
Acerrae
Nola
Mons Vesuvium
Pompeii
Stabiae
Aequanum
Marcina
Salernum
Picentia

Rechts, das »Antro della Sibylla« in Cumae, Ausschnitt des langen griechischen dromos (Zugangskorridor zu den Grabkammern) aus archaischer Zeit, ausgegraben in der Akropolis und verbunden mit dem Apollo-Tempel.

auf die urbanistische Anlage der Siedlung auf der Anhöhe geht, ob er so bedeutend ist, wie für Fratte, Pontecagnano und Capua belegt, ist umstritten. Mit Sicherheit sind in Pompeji vom 6. Jh. bis 474 v. Chr. Etrusker ansässig: Das bezeugen unter anderem die beeindruckenden Fragmente von Bucchero-Keramik, die man dort fand, wo später der

Apollo-Tempel und die Stabianer Thermen errichtet wurden. Der Einfluss der Griechen aus Kyme (Cumae) ist ebenfalls im 6. Jahrhundert beachtlich. Aber die erste Ansiedlung hat – vielleicht aufgrund der Beschaffenheit des Terrains – kein regelmäßiges Muster, wie es für griechische Siedlungen typisch ist.

Samnitische Expansion und römische Eroberung

Im Verlauf des 5. Jh. v. Chr. gehen die etruskischen und griechischen Einflüsse zurück. Gleichzeitig expandieren die Samniten, die Bevölkerung aus der Bergregion im

Oben, pompejanische Glasgefäße.
Links, Teil der Stabianer Thermen in Pompeji.

Landesinneren. Aus deren Verschmelzung mit den Opiern entsteht das ethnisch komplexe Volk der Osker, das die politisch-ökonomische Vorherrschaft der Region übernimmt. Am Ende des Jahrhunderts kontrolliert es die Ebenen entlang der Küste, und Pompeji wird von ihm besetzt: die so genannte »Samnifizierung«.

Die folgenden Jahrhunderte sind wichtig für die Entwicklung der Stadt: Die Einwohnerzahl steigt, der ursprüngliche Kern Pompejis wird nach Osten und Norden erweitert und die öffentliche und private Bautätigkeit blüht auf.

Rechts, Freskenfragment aus Stabiae mit einem Eroten, der einen Tamburin schlägt. Unten, Männerkopf aus Marmor, so genannter »Sulla«.

Gemeinsam mit anderen kampanischen Städten unterstützt Pompeji die verbündeten italischen Stämme *(socii)*, die sich im Bundesgenossenkrieg gegen Rom erheben, um das vollständige Bürgerrecht zu erlangen. Daraufhin wird die Stadt 89 v. Chr. von Sulla zunächst belagert und dann erobert.

80 v. Chr. gründet Sulla hier eine römische Kolonie, der er den Namen seiner Familie, Cornelia, und der von ihm besonders verehrten Gottheit, Venus, gibt: *Colonia Cornelia Veneria Pompeianorum.*

Es entsteht ein neuer Bevölkerungskern aus Römern, der sich gut in das schon vorhandene vielfältige ethnische Panorama der Stadt einfügt. Der Aufschwung, der in samnitischer Zeit begann, setzt sich fort: Im östlich gelegenen Gebiet der Via dell'Abbondanza herrscht eine rege Bautätigkeit, während in den etwas höher gelegenen Gebieten im Süden und Westen repräsentative Villen für die wohlhabenden Klassen entstehen.

Die Blütezeit und die Bedrohung durch den Vulkan

Zwischen dem Ende der Republik und der frühen Kaiserzeit wird das Leben in Pompeji begünstigt durch die gute Lage und das fruchtbare Hinterland. Gleichzeitig drohen jedoch Gefahren orographischer und geomorphologischer Art: Die Region ist stark erdbebengefährdet, und es besteht eine ständige Bedrohung durch den Vesuv.

Im Jahr 62 n. Chr. ereignet sich ein starkes Erdbeben, das in verschiedensten Medien dokumentiert ist: in literarischen Zeugnissen, in Inschriften und sogar in einer Reliefdarstellung, die in Pompeji selbst gefunden wurde. In den letzten Jahren werden außerdem mit modernen Untersuchungsmethoden die Schäden rekonstruiert, die das Erdbeben an den Mauern verursacht hat und an deren Reparatur im Moment des Vesuvausbruchs 79 n. Chr. noch gearbeitet wurde. Unter Spezialisten setzt sich inzwischen die Meinung durch,

dass der Erdstoß von 62 n. Chr. nur das stärkste und am meisten beachtete einer Serie von Beben geringerer Stärke war. Der Ausbruch war dann der endgültige Schlag.

Zeugnisse der Zerstörung Pompejis

Doch wie waren jene Pompejaner, deren Leben und Aktivitäten wir rekonstruieren wollen? Und wie verlief der Ausbruch des Vesuv, der von den antiken Autoren be-

---

Die Geschichte einer »angekündigten« Katastrophe

Der Zorn des Vesuv richtet sich gegen Pompeji

Die Vulkanologen kennen das von Plinius d. J. beschriebene Phänomen gut, sie nennen es »plinianische Säule«, wenn das im Schlot des Vulkans aufsteigende Magma in Teile zerspringt, bevor es die Oberfläche erreicht hat, in Bimsstein und Asche zerfällt und schließlich in die Luft explodiert und eine Säule bildet. Die Säule steigt so lange hoch, bis die Gase verbraucht sind, die im Vulkan entstanden sind. Während die großen Partikel aufgrund ihres Gewichts zu Boden stürzen, kann sich das Gas weit *verbreiten. Im Fall des Ausbruchs 79 n. Chr. erreichen die schweren Bimssteinbrocken ihre größte Dichte am Boden in einem Radius von 10 km um den Vulkan, und das heißt u. a. dort, wo Pompeji sich befindet. Sie sammeln sich auf offenen Flächen und auf den Dächern, bis diese teilweise nachgeben (vor allem wenn sie – was die Regel ist – eine geringe Neigung haben) oder ganz einstürzen. Die Bewohner fliehen oder* *ziehen sich in die stabileren Gebäude zurück. Plinius d. J. erwähnt einige beeindruckende Phänomene, die den Ausbruch begleiten: Erdstöße (die zu Anfang unterschätzt werden, weil die Leute an sie gewöhnt sind), den Rückzug des Meeres (»wir sahen das Meer sich zurückziehen, beinahe vertrieben vom Zittern der Erde«), Asche, die das Tageslicht verdunkelt (»viele erhoben die Hände zu den Göttern, andere sagten, es gäbe keine Götter mehr, und dass es die letzte und ewige Nacht der Welt sei«). Diese Phase dauert ungefähr zwölf Stunden, danach scheint*

schrieben wird und den die moderne Wissenschaft studiert, um dabei immer wieder neue wichtige Aspekte zu entdecken?

Verlauf und Tragweite der Tragödie sind beeindruckend: Fast alle Einwohner werden überrascht und sterben innerhalb weniger Stunden. Gerade dies ermöglicht den Forschern, die komplette Bevölkerung einer Stadt, in der gleichsam die Zeit angehalten wurde, zu untersuchen. Die

Unten, Vesuv in vulkanischer Aktivität, Foto aus der Zeit um 1930, vom Tempel des Apollo aus aufgenommen.

sich die Lage zu beruhigen. In der Zwischenzeit ist Plinius d. Ä. von Misenum nach Stabiae gelangt, und obwohl die Situation schwierig ist, versucht er seine Freunde zu beruhigen und geht selbst schlafen. Aber in der Morgendämmerung des 25. August beginnen sich die Gase den Landschaftsgegebenheiten entsprechend zu verbreiten. »Ströme großer Geschwindigkeit von Vulkanasche und Gas«, präzisieren die Vulkanologen, »oft dutzende oder hunderte Meter, in denen die Konzentration von Partikeln (Magmabrocken) zum Boden hin immer mehr zunimmt.« Diese Ströme erreichen Pompeji

und breiten sich im Inneren der Gebäude aus, die die erste Phase des Ausbruchs überdauert haben. Dorthin waren zahllose Pompejaner geflohen und sterben nun dort. Es ist der entscheidende Schlag für die Stadt. In Stabiae stirbt nach einer Nacht unruhigen Schlafs Plinius d. Ä. »Ich vermute, der dichte Qualm hat seinen Atem gehemmt und ihm die Kehle zugeschnürt«, schreibt Plinius d. J. Er flieht fast gleichzeitig mit seiner Mutter aus Misenum, das ebenfalls bedroht ist:

»Eine fassungslose Menge schloß sich uns an ... und nun drängten und stießen uns die Flüchtenden in endlosem Zuge vorwärts.« In der Kälte der wissenschaftlichen Sprache können wir nur hinzufügen, dass die Vulkanologen die erste Phase »Phase des Falls« und die zweite »Phase des Fließens« nennen.

biologischen Anthropologen können nicht nur auf die Gipsabgüsse wie die von Fiorelli, sondern auch auf zahllose Skelette zugreifen: Allein im Haus des L. Caecilius Iucundus wurden 13 Skelette gefunden. Eines fällt jedoch auf: Es sind weniger junge Männer unter den Toten als wir erwarten, vermutlich weil es einigen von ihnen (zum Schaden der Statistiken, aber natürlich zu ihrem Glück) gelang, vor der Katastrophe aus der Stadt zu fliehen.

Unter Berücksichtigung dieses Phänomens sind die Spezialisten zu relativ präzisen Erkenntnissen gekommen: Das durchschnittliche Alter der Erwachsenen in Pompeji lag bei 40 Jahren (41 Jahre für die Männer, 29 für die Frauen). Ungefähr die Hälfte der Bevölkerung waren Kinder, und jedes Paar versorgte zwei oder drei Kinder und ein Elternteil. Diese Ergebnisse entsprechen denen, die über andere antike Bevölkerungsgruppen in Europa gewonnen werden konnten. Die durchschnittliche Größe der Männer betrug 1,66 m, die der Frauen 1,53, das durchschnittliche Gewicht 65 bzw. 49 kg. Die paläo-pathologischen Forschungen haben ergeben, dass die Pompejaner im Kindesalter oft an Arthritis, Karies, inneren Verletzungen, Knochen- und Kreis-

Oben, Aquarell von Giacinto Gigante (1806–76) mit Darstellung des Hauses der farbigen Kapitelle (Neapel, Museo di Capodimonte).
Unten, Marmorrelief aus dem Lararium des Hauses des Bankiers L. Caecilius Iucundus; dargestellt ist der Zusammenbruch des Kapitols in Folge des Erdbebens von 62 n. Chr. und eine Beschwichtigungszeremonie zu Ehren der Göttin Tellus.

laufkrankheiten litten. Auch Knochenbrüche kommen häufig vor, sind aber gut verheilt.

Anhand des reichhaltigen vulkanischen Materials, das die Stadt bedeckt hat – und zum Teil noch bedeckt – konstruieren moderne Forscher, was in jenen verhängnisvollen Stunden zwischen 13 Uhr am 24. und 8 Uhr am 25. August geschah. Aber schon in der Antike wusste man genau, was passiert war, denn das Ereignis hat großen Eindruck hinterlassen. Eng mit ihm verbunden sind zwei bekannte Personen namens Plinius: der berühmte Naturforscher Plinius d. Ä., der aus dem nahen

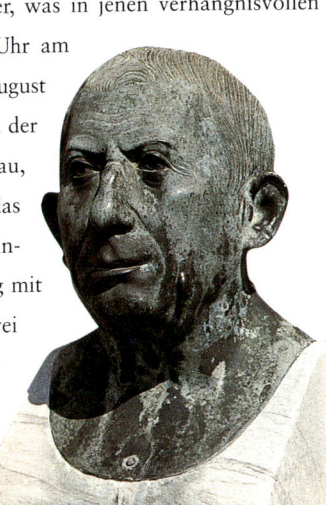

Links, Kopie des Hermenporträts des Lucius Cecilius Iucundus in Pompeji (das Original befindet sich im Nationalmuseum in Neapel).

Misenum heraneilt, um den Vulkanausbruch besser beobachten und Hilfe leisten zu können und dabei am Strand nahe Stabiae verstirbt; und sein Neffe, Plinius d. J., der indessen in Misenum bleibt (von wo aus ihm gerade noch die Flucht gelingt), der aber in seinen Briefen (in der Sammlung seiner *Epistulae* sind es Nr. 16 und 20 im Buch VI) eine minuziöse Beschreibung der Ereignisse liefert. Die Briefe

sind an einen bekannten Freund gerichtet, den Historiker Tacitus. Gegen 13 Uhr am 24. August, erzählt ihm Plinius d. J., habe seine Mutter ihrem Bruder, Plinius d. Ä., etwas gezeigt:

»Eine Wolke von ungewöhnlicher Größe und Gestalt. […] Sie sah ihrer ganzen Gestalt nach nicht anders aus

Außergewöhnliche Zeugen des Untergangs von Pompeji

Plinius der Ältere und Plinius der Jüngere

Plinius d. Ä. und Plinius d. J. sind zwei berühmte lateinische Schriftsteller: Gaius Plinius Secundus, geboren 23 n. Chr. in Como und gestorben in Stabiae während des Vesuvausbruchs 79 n. Chr., und der Sohn seiner Schwester, Gaius Plinius Caecilius Secundus, ebenfalls in Como geboren 61 n. Chr. und dort 113 n. Chr. gestorben. Plinius d. Ä. stammt aus einer Familie von Rittern. Er leistet zwölf Jahre Dienst bei den Kavallerien in Germanien. Im Jahr 58 kehrt er (eventuell in Folge von Meinungsverschiedenheiten mit Kaiser Nero) nach Italien zurück und wirkt für ein paar Jahre als Anwalt. Als Vespasian 69

den Thron besteigt, kehrt er in wichtige Ämter zurück. Er ist privater Berater Vespasians und dessen Sohn Titus, mit dem er schon in Germanien zusammengearbeitet hat. Außerdem erlangt er den Rang eines Flottenadmirals von Misenum. Diese ehrenvolle Aufgabe, die seinen wiedererlangten politischen Erfolg bezeugt, ist in gewisser Hinsicht auch Ursache seines Todes: An jenem tragischen 24. August 79 zieht er die Flotte im Hafen von Stabiae zusammen, um den fliehenden Massen zu helfen. Angetrieben von seiner ungeheuren wissenschaftlichen Neugierde nähert er sich dem Vulkan zu sehr und stirbt.

Von seinen zahlreichen Schriften ist nur die Naturalis Historia überliefert. In 37 Titus gewidmeten Bänden fasst er die wissenschaftlichen Kenntnisse der Antike zusammen. Von der Kosmologie zur Geographie, von der Anthropologie zur Zoologie, von der Botanik über die Mineralogie bis zur Kunst; eine unerschöpfliche Quelle von Informationen, zwar manchmal unkritisch zusammengetragen, aber als Quelle dennoch wertvoll. In der römischen Welt ist es das zweite Werk dieser Art nach den Disciplinae von Marcus Terentius Varro. Plinius d. J. wird von seinem Onkel adoptiert und

als ein Baum, und zwar wie eine Pinie. Sie hob sich nämlich wie auf einem sehr hohen Stamm empor und teilte sich dann in mehrere Äste. Sie zerfloss wohl deshalb in die Breite, weil sie durch den frischen Luftstoß zunächst zwar in die Höhe getrieben, dann aber, als dieser nachließ, durch ihr eigenes Gewicht wieder herabgedrückt wurde. Zuweilen erschien sie glänzend weiß, dann wieder schmutzig und fleckig, je nachdem sie Erde oder Asche mit sich führte.«

Gegenüberliegende Seite, Capo Misenum.
Unten, Gemälde von Angelica Kauffmann (1741–1807), Plinius der Jüngere mit seiner Mutter in Misenum (Princeton, Princeton University Art Museum).

studiert in Rom bei großen Gelehrten, darunter dem Redner Quintilian. Schon jung Anwalt, durchläuft er danach alle Schritte einer typischen politischen Karriere bis zum Amt des Konsuls, das er im Jahr 100 antritt. 111 wird er Statthalter der Provinz Bithynien. Obwohl er unter Domitian mit bedeutenden Aufgaben betraut war, steht er – nach Domitians Tod und der damnatio memoriae, dem Verbot des Senats, an ihn zu erinnern – in hervorragender Beziehung zu Nerva und vor allem zu Trajan. Für Letzteren schreibt er im Jahr 100 eine geistreiche Panegyrik. Bekannter sind allerdings seine verbindlichen und eleganten Briefe (Epistulae): Seine privaten Briefe, von denen einige an Sueton und an Tacitus (wie jener über den Tod des Onkels) gerichtet sind, füllen neun Bücher aus. In einem zehnten (und letzten) Buch finden wir die Korrespondenz mit Trajan während seines einjährigen Aufenthaltes in Bithynien. 50 Briefe stammen vom Kaiser, 72 von Plinius: eine Fülle von Angelegenheiten, in denen die Meinung des Herrschers einzuholen ist. Und Plinius erhält Antworten, in denen er meist zu umsichtigem Handeln ermahnt wird: etwa im Fall des Redners Dion von Prusa, der sich ein Standbild errichten will, oder bei dem (ernster zu nehmenden) Problem des Umgangs mit den christlichen Minderheiten.

Städtebau und Architektur

- Das Forum

- Die Theatergebäude

- Das Amphitheater

- Die Forumsthermen und die Stabianer Thermen

- Tempel und Grabmäler

- Wohngebäude

Pompeji entwickelt sich innerhalb eines unregelmäßigen Stadtumrisses. Straßen und Stadtmauern werden in verschiedenen Epochen konstruiert. Das Herz aller städtischen Aktivitäten ist das Forum, um das sich die Gebäude der Verwaltung, der Justiz und des Handels gruppieren. Natürlich gibt es in einer solch engmaschig angelegten Stadt auch Gebäude für Unterhaltung und Vergnügen wie das Große Theater und das Amphitheater, die Tausende von Personen in sich aufnehmen können. Tempel und Grabmäler bereichern das bemerkenswerte Stadtbild, das gekrönt wird von außergewöhnlich luxuriösen Wohngebäuden wie dem Haus der Vettier oder dem Haus des Fauns.

Bevor wir unsere Reise in die antike Stadt unternehmen, sollten wir ein Gesamtbild der Stadtanlage und der Gebäudetypen entwerfen und uns eine Vorstellung von der realen Welt machen, die die Pompejaner Tag für Tag bei ihren Aktivitäten umgibt.

Der Kern der Siedlung – wahrscheinlich weniger eine Ortschaft als ein Handelsplatz – war unregelmäßig angelegt und lag auf dem höchsten Punkt des Plateaus, im südwestlichen Bereich der späteren Stadt. In seinem Zentrum liegt das Forum. Über Straßen war die Siedlung mit zwei Heiligtümern außerhalb der Stadt verbunden, von denen das eine Apollo geweiht war, das andere Herakles, später zusätzlich auch Athena. Über diese älteste Entwicklungsphase der Stadt ist wenig bekannt: Wir können sie hauptsächlich deswegen lokalisieren, weil hier der Verlauf der Straßen – anders als im Rest der Stadt – immer unregelmäßig geblieben ist.

Oben, Luftbild von Pompeji, im Vordergrund das Amphitheater und, links daneben, die Kaserne der Gladiatoren.
Unten, die Statue des Apollo vor dem gleichnamigen Tempel. Kopie, das Original befindet sich im Archäologischen Nationalmuseum in Neapel.

Die späteren Stadterweiterungen erfolgen – vom Kern der Siedlung aus gesehen – in Richtung Norden und Osten. Dabei entstehen eine Reihe nebeneinander liegender Stadtbezirke, die zwar alle für sich gesehen relativ rechtwinklige Straßennetze aufweisen, die jedoch in ihrer Ausrichtung voneinander abweichen. Sie werden eingeschlossen von einer unregelmäßig verlaufenden Stadtmauer von etwa 3 200 m Länge.

Eine fast regelmäßige Stadtanlage

Die Struktur der Stadt

Die Stadt hat einen unregelmäßigen Umriss. Sie ist durch Mauern befestigt, die die gesamte Stadt umgeben. Dieser Mauerring wurde zahlreiche Male erneuert: Die erste Befestigung aus dem 6. Jh. v. Chr. wird (eventuell unter griechischem Einfluss) schon im 5. Jahrhundert durch einen doppelten Mauerzug ersetzt. Ende des 4. Jahrhunderts wird eine Befestigung des Typus »ad aggere« errichtet, das heißt, dass ein Erdwall die innere Mauer verstärkt. Auf diesem Erdwall entsteht Ende des 3. Jahrhunderts, als Hannibal durch Italien (und Kampanien) zieht, wiederum eine neue Mauer

mit einem Wehrgang. Die letzte Bauphase geht auf die Epoche der Bürgerkriege zurück. Zu dieser Zeit wird die Stadtmauer mit einer Reihe von zweistöckigen Wachtürmen verstärkt, die jedoch nach der römischen Eroberung allmählich ihre strategische Bedeutung verlieren und in einigen Fällen in die luxuriösen Wohnbauten integriert werden. Acht Tore öffnen sich in der Mauer, die heute nach der Richtung, in der sie liegen, benannt sind: Ercolano, Vesuvio, Capua (hier sind die Befunde unklarer), Nola, Sarno, Nocera, Sta-

biae und Marina. Im Inneren des Mauerrings, im Be-

reich der erwähnten »fast regelmäßigen« Straßen-

Das Forum

Das Forum ist in Pompeji wie in allen anderen römischen Städten (und wie die Agora in den griechischen Städten) das Zentrum des Lebens und des städtischen Betriebs. Es befindet sich allerdings nicht im »geometrischen« Zentrum Pompejis. Das erklärt sich daraus, dass das Forum an der Stelle eines Versammlungsortes liegt, der schon in der ältesten Epoche der Stadt existierte, als die Siedlung

Gegenüberliegende Seite, kleiner pompejanischer Tonaltar (arula) mit dorischem Fries.
Unten, Grundriss der Stadt.

führung, erstrecken sich lange »decumani«, die annähernd in ost-westlicher Richtung verlaufen, und (wegen des Stadtumrisses) kürzere »cardini«, die annähernd in nord-südlicher Richtung verlaufen. Die Via dell'Abbondanza (die Namen der Straßen wie auch der Stadttore wurden alle in moderner Zeit eingeführt) ist die breiteste und längste Straße (decumanus maximus, ca. 8,5 m). Sie führt vom Forum bis zur Porta di Sarno. Andere wichtige Durchgangsstraßen sind in Ost-West-Richtung die Via di Nola, in Nord-Süd-Richtung die Via Stabiana und deren Fortsetzung, die Via Vesuvio. Das Straßennetz bildet eine Reihe langer rechteckiger insulae (Häuserblöcke). Die Straßen sind mit großen Basaltblöcken gepflastert. Sie werden meist von hohen Fußwegen gesäumt und an verschiedenen Stellen von »Fußgängerübergängen« unterbrochen, die aus außergewöhnlich großen Steinblöcken bestehen. Ungewöhnlich ist, dass die genannten Stadttore zwar mit den Hauptstraßen korrespondieren, aber nicht genau in deren Achse liegen: anscheinend wurden Mauern und Straßen nicht gleichzeitig erbaut.

nur auf den südwestlichen Teil der Anhöhe ausgedehnt war.

Anfangs hat es sich vermutlich um einen Handelsplatz an einem Knotenpunkt wichtiger Verbindungsstraßen gehandelt. Später wird der Platz erweitert und bebaut. Die meisten Gebäude am Forum gehen auf das 2. Jh. v. Chr. zurück. Gleichzeitig mit den Bauten für die Verwaltung, die Politik, den Handel und die Justiz – dem *macellum* (Markt-

Oben, die Errichtung einer Mauer, Rekonstruktion von Sergio Biagi. Unten, Forum und Wollmarkt.

halle), dem *comitium* (Wahllokal), der *basilica* (Gerichtsgebäude) und den drei kleineren Gebäuden auf der Südseite – entstehen der Jupiter-Tempel an der Nordseite und der Apollo-Tempel an der Westseite des Platzes.

Es sind bemerkenswerte Gebäude: Die Basilika z. B. ist zusammen mit der Basilika in Palestrina die älteste dreischiffige Konstruktion dieses Gebäudetyps

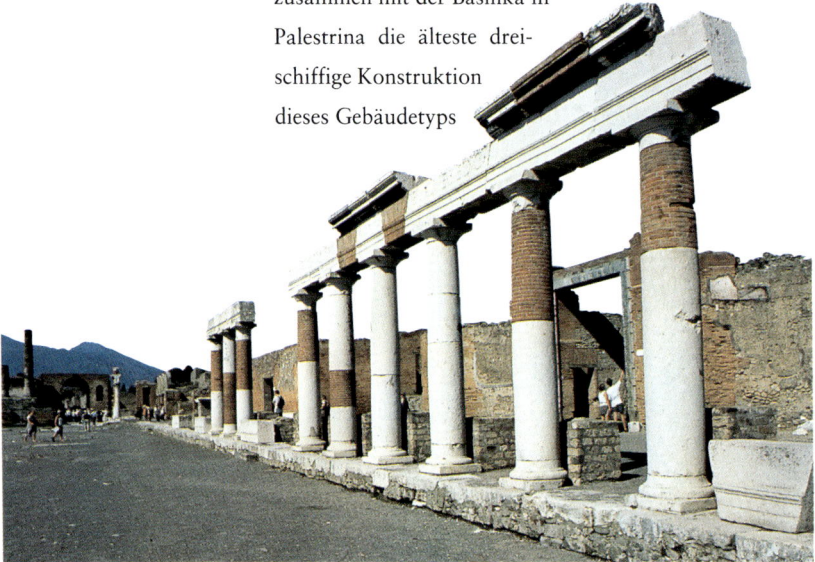

im römischen Reich. Die einzelnen Gebäude werden allerdings nicht aufeinander abgestimmt. Der ziemlich lange, schmale Platz wirkte deswegen vermutlich sehr heterogen. Um dem Platz ein einheitlicheres Aussehen zu geben, lässt der Quästor Vibius Popidius im 3. Jh. v. Chr. auf drei Seiten des Forums einen zweistöckigen Portikus errichten. Unter Augustus wird der Portikus an der vierten Seite ergänzt. Ebenfalls in augusteischer Zeit wird die Eumachia errichtet, eine Art Börse«, benannt nach einer wohlhabenden Frau aus der Familie der Eumachier, einer Familie von Winzern, Amphoren- und Ziegelherstellern. Sie wird in einer Inschrift als Stifterin des Gebäudes erwähnt. Weitere Bauten am Forum sind die zwei Ehrenbögen zu Seiten des Jupiter-Tempels, das so genannte Laren-Heiligtum, das den Schutzgottheiten Pompejis, den *Lares Publici*, und Augustus geweiht war, und der so genannte Tempel des Vespasian an der Ostseite des Platzes. Beim Untergang Pompejis bietet das Forum einen einzigartigen, monumentalen Anblick, obwohl die verschiedenen Phasen der Bautätigkeit von den zunehmenden Erdbeben, vor allem 62 n. Chr., immer wieder unterbrochen worden waren.

Oben, Statue des Kaisers Augustus als Pontifex maximus.
Unten, die Ruinen der Basilika, 2. Jh. v. Chr.

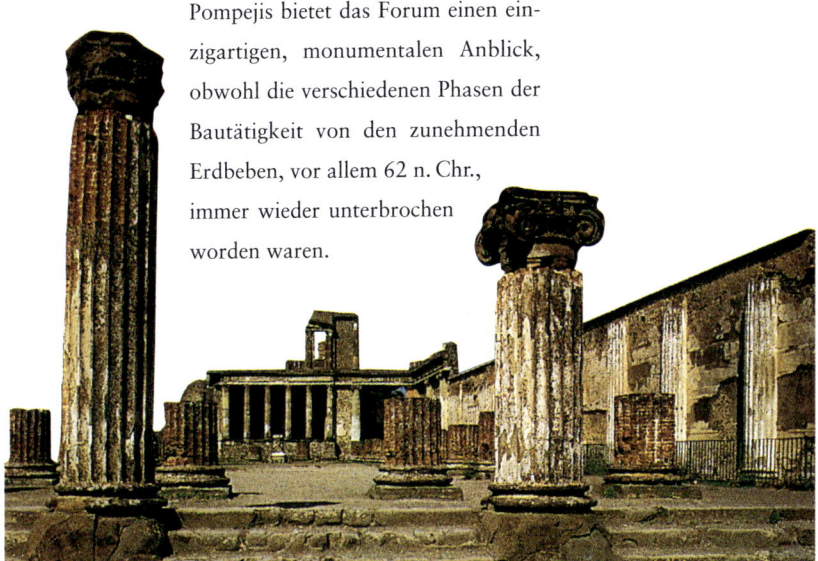

Oben, Apollo-Tempel, in Restaurierung nach dem Erdbeben 62 n. Chr. Unten, das Kleine Theater. Gegenüberliegende Seite, oben und in der Mitte, Kompass und Winkelmaß aus Bronze, 1. Jh. n. Chr.; unten, augusteische Inschrift aus dem Bereich des Apollo-Tempels, die die Errichtung einer Mauer bezeugt, Gips-abguss aus den 1930er Jahren.

Die Theatergebäude

Wie fast überall im römischen Reich spielt auch bei den Pompejanern das Theater eine beachtliche Rolle im Alltag. Pompeji besitzt besonders interessante Theatergebäude, eigentlich handelt es sich um ein ganzes Areal, das Quartier der Theater, das in der Nähe des Forums an der Porta di Stabia liegt. Das Große Theater, das ca. 5 000 Personen fasst, geht auf das 2. Jh. v. Chr. zurück und wurde in augusteischer Zeit und nach dem Erdbeben von 62 n. Chr.

Die Baumaterialien/1

Steine zum Bauen

»[...] In der Regel verwenden die Römer, insbesondere seitdem Steinmauern allgemein üblich sind, für fast alle Teile eines Gebäudes lokale Gesteine. Nur für die besonders gestalteten architektonischen Dekorationselemente und für die Wandverkleidungen werden die Materialien importiert. Gewöhnlich war in der unmittelbaren Umgebung der Stadt nur eine Steinsorte verfügbar, die schnell zu erkennen ist. Bei der Verwendung von Marmor hingegen muss dessen Herkunft durch komplexe Untersuchungen festgestellt werden, da Marmor in der Kaiserzeit systematisch importiert wurde. Folgende Marmorsorten gehören zu den kostbarsten Steinen: Marmor aus Chemtou, dem antiken Simitthus (Tunesien), Marmor aus Chios (Insel Chios), Cipollino-Marmor (aus Euböa), Marmor aus Filfilla (Capo di Garde, Algerien), Marmor aus Lesbos (Insel Lesbos), parischer Marmor (von der Insel Paros), pentelischer Marmor (vom Berg Pentelikon, Attika), Marmor aus »Portasanta«, prokonnesischer Marmor (Insel Prokonnesos), Marmor aus den Pyrenäen, roter Marmor (Kap Matapan, Peloponnes), thasischer Marmor (Insel Thasos) und Serpentino-Marmor (Theben, Ägypten). Andere wichtige Gesteinssorten sind: Alabaster (Theben, Ägypten), schwarzer und grüner Basalt (Nordägypten?), grauer und schwarzer Granit (Assuan), rötlicher Granit (Assuan), roter Porphyr (Ägypten), grüner Porphyr (Kap Matapan, Peloponnes). Auch Italien besitzt wertvolle Steinvorkommen. Die berühmtesten sind der Marmor aus Carrara, der vor allem in tiberianischer Zeit verwendet wurde, und der römische Travertin aus den Steinbrüchen in Tivoli. Da die Rohstoffe für Bausteine ausreichend vorhanden sind, werden diese nicht importiert. An einigen Stellen stehen sogar mehrere Steinsorten unterschiedlicher Qualität zur Verfügung, z. B. in Rom und in Pompeji. In Rom wurden sieben Sorten vulkanischen Tuffs verbaut, darüber hinaus noch der Travertin, insgesamt also acht verschiedene Baugesteine. In Pompeji wurde Lavagestein, Lapilli, [drei Sorten] vulkanischer Tuff [...], und Kalk verwendet, also sechs regionale Gesteinssorten, zu denen noch die Importe hinzukommen. [...]«

J. Adam, *L'arte di costruire presso i romani. Materiali e tecniche*, Longanesi & C., Mailand, 1984

*Oben, Relief mit Theater-
masken aus dem Haus der
vergoldeten Eroten.
Rechts, das Große Theater.
Unten, das Forum
Triangolare.*

erneuert. Es ist ein griechisches Theater mit einer *cavea* (halbkreisförmige Stufen als Zuschauerplätze), die an einen natürlichen Abhang angelehnt ist. Die Rückwand des Bühnenhauses ist durch drei große Exedren gegliedert (eine halbkreisförmige in der Mitte, zwei rechteckige seitlich). Hinter dem Bühnenhaus ist ein breiter Säulenhof *(porticus post scaenam)*, der die Funktion eines modernen Foyers hat. Zur Linken des Theaters (von der Bühne aus)

befindet sich das so genannte »Forum Triangolare«, ein unregelmäßiger Platz, an dem sich ein außergewöhnlicher dorischer Tempel erhebt. Jenseits der *cavea* finden sich der Isis-Tempel und daneben eine Palästra. Die Nähe dieser beiden Kultgebäude zum Theater belegt den

ursprünglichen Zusammenhang zwischen dem Schauspiel und der Sphäre des Heiligen. Zur Rechten des Theaters erreicht man seit dem 1. Jahrhundert ein zierliches *Odeion*, ein überdachtes Theater kleinerer Dimension (1 500 Zuschauer), das für Konzerte und vielleicht auch für Lesungen genutzt wurde.

Das Amphitheater

Das Amphitheater liegt nicht im Theaterquartier. Es wurde im äußersten Osten der Stadt, bei der Porta Nocera und der Porta di Sarno errichtet. Durch diese Lage neben den Stadttoren wollte man vermutlich erreichen, dass das in Massen aus den nahegelegenen Städten herbeiströmende Volk nicht das Zentrum der Stadt durchqueren musste. Das Amphitheater von Pompeji, das sich teilweise an die Stadtmauer anlehnt, ist um 80 v. Chr. errichtet worden und damit eines der ältesten erhaltenen Amphitheater. Deshalb ruht die elliptische *cavea* für die Zuschauer noch nicht auf einem System von radialen Mauern, Bögen und Gewölben, sondern auf einem gewaltigen künstlichen

*Rechts, Inneres des Amphi-
theaters; im Hintergrund der
Vesuv.
Unten, Gladiatorenhelm
(Neapel, Archäologisches
Nationalmuseum), gefunden
in Pompeji in der Kaserne
der Gladiatoren, von der
wir unten den Säulengang
sehen.*

Erdwall. Der Zugang zu den höchsten Stufen
erfolgt nicht wie später durch Treppen, sondern über zwei lange Rampen von außen.
Daneben gibt es einen Zugang von Westen
über einen Tunnel. In der Hauptachse
führen zwei weitere gewölbte Durchgänge
direkt in die Arena. Diese ist, im Unter-
schied zu vielen späteren Amphitheatern,
noch nicht mit unterirdischen Versorgungsräu-

men und -gängen ausgestattet. Es gibt jedoch bereits die typischen Löcher am oberen Rand der *cavea*. Sie dienen zur Aufstellung von Holzpfählen, zwischen denen mittels Seilen und Gurten das *velarium* aufgespannt wurde, ein Stoffsegel, das die Zuschauer vor der Sonne schützte und das in zahlreichen späteren Amphitheatern vorkommt.

Die Forumsthermen und die Stabianer Thermen

Es ist unnötig, daran zu erinnern, dass ein charakteristisches Element des römischen Alltagslebens der Besuch der Thermen ist. In Pompeji gibt es zwei Hauptthermen: die

Forumsthermen und die Stabianer Thermen. Die Forumsthermen befinden sich nördlich des Forums hinter dem Jupiter-Tempel. Sie wurden zur Zeit Sullas errichtet, jedoch in augusteischer und in julisch-claudischer Zeit mehrmals erneuert. Um einen zentralen Säulenhof ordnen sich in zwei Abteilungen eine Reihe von Räumen an: der männliche und der weibliche Trakt.

Die Funktionen einiger Räume lassen sich einfach bestimmen: der Auskleideraum *(apodyterium)* und die Räume für

In der Mitte, Eingang in die Forumsthermen.
Unten, Bronzeventil für den Wasserabfluss.

43

Rechts und unten, Details
aus dem Inneren der
Stabianer Thermen.

die kalten, lauwarmen und heißen Bäder *(frigidarium,*
tepidarium, caldarium). Während das Tepidarium durch
ein altmodisches Kohlebecken geheizt wird, das, wie eine
Inschrift überliefert, von einem reichen »Sponsor« aus
Capua gestiftet wurde, wird das Caldarium durch heiße
Luft beheizt. Diese zirkuliert unter dem Fußboden, der
von kleinen Pilastern *(suspensurae)* getragen wird, und innerhalb der Heizkanäle in den Wänden, die aus *tubuli*

(hohle Steine) bestehen. Viele Räume sind
durch Stuck verziert.

Die Stabianer Thermen liegen zentral, an
der Kreuzung der Via dell'Abbondanza
und der Via di Stabia, die zum gleichnamigen Stadttor führt (in Richtung gleich-
namiger Stadt) und das Theaterquartier
streift. Es ist der älteste Thermenkomplex
Pompejis. Seine Geschichte geht bis ins
4. Jh. v. Chr. zurück. Die heute sichtbaren
Teile entstanden allerdings hauptsächlich
während der Erneuerungen im 2. Jahr-

hundert, in den ersten Jahren der Kolonie Sullas und in den Jahren nach dem Erdbeben von 62 n. Chr. In den letzten Jahren wurde in der Vorstadt, außerhalb der Porta Marina, eine dritte Thermenanlage ausgegraben.

Tempel und Grabmäler

Einige Tempel wurden bereits erwähnt, der wichtigste von ihnen ist der Apollo-Tempel am Forum. Aus jüngeren Untersuchungen weiß man, dass an seiner Stelle bereits im 4. Jh. v. Chr. ein Heiligtum existierte. Die heute sichtbaren Ruinen stammen jedoch aus den bedeutenderen späteren Epochen, aus dem 2. Jh. v. Chr., aus augusteischer Zeit (etwa die Verbindung zum Forum) und aus den Jahren nach dem Erdbeben von 62 n. Chr. Die Arbeiten sind 79 n. Chr. keinesfalls abgeschlossen. Der Tempel ist ein Hexastylos (sechs Säulen an der Tempelfront) auf einem hohen Podium, zu dem eine Treppe hinaufführt. Vor dem Tempel wurde in augusteischer Zeit eine Sonnenuhr aufgestellt: ein Verweis auf Apollo, der häufig mit der Sonne gleichgesetzt wurde. Dort stehen auch Statuen von Apollo

Unten, Apollo-Tempel von der Basilika aus gesehen.

45

Rechts, Herme des Norbano Sorice aus dem Isis-Tempel, der im Foto unten zu sehen ist.

und Diana (Abgüsse der Originale im Nationalmuseum in Neapel). Im Inneren befindet sich der *Omphalos* (Nabel der Welt), eine Replik des berühmteren Vorbilds im Orakelheiligtum des Apollo in Delphi.

Der von einem Säulenhof umgebene Isis-Tempel aus dem 2. Jh. v. Chr. besitzt einen schönen Tetrastylos (Tempelfront mit vier Säulen). Zu ihm gehören eine Reihe von Nebenräumen, die mit dem Kult der ägyptischen Göttin verbunden sind, wie das *purgatorium* für die Reinigungsbäder (ein Krug enthält für die Bäder vorgesehenes Wasser, eigens vom Nil geholt), und das *ecclesiasterion*, ein Versammlungsraum für die in den Mythos Eingeweihten.

Ziemlich schlecht ist der Erhaltungszustand des Venus-Tempels, des Tempels jener Gottheit, der Sulla die *Colonia Cornelia Veneria Pompeianorum* geweiht hat. Wahrscheinlich geht der schlechte Zustand schon auf die Antike zurück. Vermutlich sind nach der Katastrophe von 79 n. Chr. einige der Überlebenden in die Stadt zurückgekehrt und haben dieses und andere Gebäude als Baumaterial geplündert.

Beim Überblick über die öffentlichen Gebäude darf natürlich die Große Palästra beim Amphitheater nicht fehlen, die im augusteischen Zeitalter errichtet wurde, im Zusammenhang mit einer Politik, die die Jugend zu mehr Sport erziehen wollte. Des Weiteren muss man die Privatgebäude betrachten, die die Stadt erst zu einem zusammenhängenden Gefüge machen. Die mehr oder weniger regelmäßig angelegten Stadtbezirke beherbergen in erster Linie Wohnbauten, aber auch Gebäude für verschiedene andere Zwecke,

Oben, hellenistisch beeinflusstes Grabmal (schola) aus augusteischer Zeit in der Nekropole vor der Porta Ercolano, errichtet von Herrennius Celsus für seine Frau Aesquilia Polla. Unten, Ausschnitt der Via dei Sepolcri.

von Gaststätten bis zu Bordellen, von Färbereien bis zu Bäckereien. Und, nicht zu vergessen, unmittelbar außerhalb des Wohnbereichs (vor allem vor der Porta Ercolano) stehen zahlreiche Grabmale. Zusammen mit Ostia Antica ist Pompeji diejenige römische Stadt, die die meisten Zeugnisse

Rechts, Ladengeschäft in der Via dell'Abbondanza; unten, Rekonstruktion eines Ladens, Darstellung aus dem 19. Jahrhundert. Gegenüberliegende Seite, die Nekropole der Isola Sacra in der Nähe von Ostia; sie erstreckt sich entlang der Via Lavia, die die Stadt mit dem Hafen verbindet.

des antiken Lebens jenseits der großen Monumente hinterlassen hat. Mit einem tragischen »Vorteil« für die Archäologen: Alles, was in Pompeji gefunden wird, kann zweifelsfrei vor 79 n. Chr. datiert werden.

Wohngebäude

Die Vielfalt der Wohnarchitektur ist in Pompeji größer als irgendwo sonst. Schon in den ältesten Häusern, wie dem Haus des Chirurgen (so genannt aufgrund des Fundes von mehr als 40 chirurgischen Instrumenten aus Eisen und Bronze) aus dem 4. bis 3. Jh. v. Chr., scheint allerdings ein gewisses Grundschema vorzuherrschen: Von der *fauces* (Eingangskorridor) gelangte man in ein *atrium*, das mit einem *compluvium* (abschüssiges Dach mit einer Öffnung in der Mitte, damit das Regenwasser abfließen kann) versehen war. Im Atrium befand sich ein kleiner Altar zu Ehren der Laren, der Schutzgötter des Hauses, der mit Bildern der Vorfahren geschmückt war. Auf der anderen Seite der *fauces* lag das

Die Grabstätten in Ostia

Ostia ist, ähnlich wie Pompeji, deswegen ein besonders interessanter archäologischer Ort, weil man hier nicht nur das Aussehen der großartigen Bauwerke rekonstruieren kann, sondern auch die gesamte Stadtanlage. Diese entwickelte sich zunächst als Hafenzentrum an der Mündung des Tibers (in der Antike verlief die Küste ca. 5 km weiter im Landesinneren als heute), an der Stelle einer befestigten Siedlung, die der Legende nach von Ancus Marcius, dem vierten König von Rom, gegründet wurde. Wie in Pompeji (und allgemein in römischen Städten) sind entlang der Straßen außerhalb der Stadt

Gräber aufgereiht, vor allem außerhalb der Porta Marina, außerhalb der Porta Romana entlang der von Rom kommenden Via Ostiense und entlang der Via Laurentina. Die Gräber außerhalb der Porta Marina sind nicht zahlreich. Erwähnt sei das des C. Cartilius Popricola, eines der angesehensten Bürger der Stadt in augusteischer Zeit. Die Gräber entlang der Via Ostiense gehören mehrheitlich »angesehenen« Personen (Magistraten, lokalen Amtsträgern, Rittern usw.), jene an der Via Laurentina Freigelassenen und Familien unterer Schichten. Von großer Bedeutung, bisher jedoch nur teilweise erforscht, ist die Nekropole im Bereich Pianabella.

Ausführlich erforscht ist hingegen eine der beiden Nekropolen der nahe gelegenen Stadt Porto, die zwischen den von Claudius und Trajan ausgebauten Hafenbecken liegt: die Nekropole der Isola Sacra (Heilige Insel). Der vorherrschende und bedeutendste Grabtypus ist hier der des Familienkammergrabes. Es wird meist von einem umfriedeten Bereich umgeben, in dem das Grabbankett abgehalten wurde. Die Fassaden und die Innenräume sind mit schönem Ziegelsteinmauerwerk (opus latericium) verziert, wie es typisch ist für die trajanischhadrianische Epoche, in der Stadt und Nekropole eine besonderen Aufschwung erlebten.

49

tablinum, ein Raum zum Wohnen, aber auch für repräsentative Anlässe. An den Seiten des Atriums befanden sich die *cubicula* (Schlafzimmer) und die *alae* (Seitenzimmer), auf der Rückseite war ein *hortus* (Garten).

Im Laufe der Zeit, vor allem mit wachsendem Reichtum der Stadt (bzw. einzelner Familien) seit dem 2. Jh. v. Chr., wurde dieses Grundschema erweitert und variiert: Der Garten wird mit einem *peristilium* (Säulengang) umgeben, das *triclinium* (Speisezimmer) wird eingeführt und es kommen eine Reihe weiterer um das *peristilium* gelegener Räume hinzu – die Dimensionen erreichen dabei gigantische Ausmaße.

Das Haus des Fauns (benannt nach der Statue eines tanzenden Fauns, die im Atrium gefunden wurde) erreicht 3 000 m² Grundfläche und hat zwei Peristyle, von denen eines wesentlich größer als das andere ist. Das Haus ist mit prächtigen Mosaiken geschmückt, die u. a. die Schlacht von Alexandria darstellen (s. Kasten S. 94/95). Besitzer

Oben, Axonometrie eines Atriumhauses, Rekonstruktion von John R. Clarke (1991).
Unten, Rekonstruktion des Hauses der Hundertjahrfeier von Jules-Léon Chifflot (1902).

Links, Haus des Fauns, errichtet zu Beginn des 2. Jh. v. Chr.; es erstreckt sich über eine Fläche von beinahe 3 000 m² und wurde auf einem älteren Bau errichtet.

des Hauses war vermutlich ein Römer oder ein Latiner, der sich zu Beginn des 2. Jahrhunderts in Pompeji niederließ und den Vorgängerbau erheblich umbaute. Sowohl Grundriss als auch Dekoration sind hellenistisch geprägt. Das Haus des Octavius Quartio (irrtümlich auch »des Loreius Tiburtinus« genannt, obwohl ein Siegel des Octavius in einem *cubiculum* gefunden wurde) ist wenig kleiner: Es erstreckt sich über fast 2 800 m². Nach dem Erdbeben von 62 n. Chr. wird es in zwei Wohneinheiten geteilt. Zuvor bestand es aus zwei Bereichen von Räumen, die sich um das Atrium und das Peristyl gruppierten. Besondere Aufmerksamkeit verdient der zum Haus gehörende riesige Garten:

Rechts, Kolonnade und Pergola des Hauses des Octavius Quartio.

Er wird von einem *euripo,* einem künstlichen Graben, durchquert, der mit Statuen geschmückt ist und in ein Nymphäum mündet. Sowohl im Inneren des Hauses wie

Die Baumaterialien/2

Ein besonderer Bindestoff: der Kalk

»Die Erfindung eines Bindemittels, das durch das Brennen eines Gesteins gewonnen wird, ist genauso alt wie die Töpferei. Schon im 6. Jahrtausend waren in der Stadt Çatal Höyük [Türkei] die Wände mit Gips verputzt. Die Ägypter des 3. Jahrtausends hatten anscheinend als erste die Idee, Steine mit einem Gipsmörtel zu verbinden. [...] Für lange Zeit war der Gebrauch von Mörtel auf der Basis von Gips oder Kalk auf den Orient beschränkt. Erst in hellenistischer Zeit wurde diese Technik auch in der griechischen Architektur eingeführt. [...] Der griechische Theoretiker Philon von Byzanz empfiehlt die Anwendung von Mörtel vor allem für Befestigungsbauten. Die Verwendung von Kalk war den Griechen zwar bekannt, sie benutzten ihn aber vor allem für die Herstellung von Stuck, für Wandmalereien und Brunnenauskleidungen. Die entscheidende Neuerung der Römer besteht darin, Kalk systematisch für die Herstellung von Mörtel zu verwenden. Sie verzichteten auf die Beifügung von Ton und erhielten so einen Kalkbeton, der die Errichtung von Gebäuden und Gewölben außergewöhnlichen Ausmaßes erlaubte.«

J. Adam, *L'arte di costruire presso i romani. Materiali e tecniche,* Longanesi & C., Mailand, 1984

52

auch beim Nymphäum finden wir Fresken mit Szenen aus dem trojanischen Zyklus (Gesandtschaft des Herkules gegen Eurymedon, Taten Achills) und mythische Darstellungen (Narziss, Selbstmord des Pyramus). Letztere hat der Maler, Lucius, signiert, und damit die einzige erhaltene Signatur eines Malers in ganz Pompeji hinterlassen. Nicht immer

Links, Laterne aus Bronze, aufgefunden nahe einer Kreuzung der Via dell'Abbondanza.
Unten, Ausschnitt eines Freskos mit der Darstellung von Achill und Briseis aus dem Haus des Tragödiendichters.

setzt man jedoch auf große Dimensionen: Das Haus der Vettier z. B. (so genannt nach zwei Brüdern, reich gewordene Freigelassene, die um die Mitte des 1. Jh. n. Chr. Be-

sitzer des Hauses werden und es völlig erneuern) besticht vor allem durch einen raffinierten Garten, mit Bassins und Skulpturen opulenter malerischer Dekoration geschmückt. Besonders bedeutende Wohnbauten finden sich auch in den Randgebieten der Stadt und im fruchtbaren Hinterland: die »Landvillen«, die einen Wohnbereich *(pars urbana)* und einen Produktionsbereich *(pars rustica)* aufweisen. Hier wurden z. B. Wein und Öl produziert, wie

Das Haus der Vettier

Nach dem Erdbeben von 62 n. Chr. verlassen einige Bewohner schöner Wohnhäuser aus Angst die Stadt Pompeji. Ihre Häuser werden vor allem von denen bezogen, die an einen Aufschwung glauben, von reich gewordenen Freigelassenen und anderen »Emporkömmlingen«, die Unabhängigkeit erlangt haben. Leider sind es die Pessimisten, die Recht behalten sollen. Aber die neue Generation von Besitzern arbeitet in der kurzen Zeit, die ihr bis zum Ausbruch 79 n. Chr. bleibt, mit größtem Eifer an der Restaurierung und der Ausstattung der Wohnbauten und hinterlässt hervorragende Malereien des Vierten Stils.

Das Haus der Vettier wird so genannt, weil der Name der Besitzer bekannt ist, die das Haus nach 62 n. Chr. übernahmen. Bei einer von zwei einzigartigen Geldtruhen im Atrium wurden zwei Siegel mit den Inschriften »A. Vetti Restituti« und »A. Vetti Convivaes« gefunden. Dieselben Namen werden in einer Wahlempfehlung an einer der Außenwände wiederholt. Aus anderen Quellen wissen wir, das Conviva das Amt eines Augustalis ausübte. Er muss daher ziemlich reich gewesen sein, denn dieses Amt war Personen vorbehalten, die öffentliche Aufgaben finanzieren konnten. Die zwei neuen Eigentümer des Hauses treiben Handel, wie die zur Straße gewandten Läden (tabernae) bezeugen. Sie engagieren Architekten, Maler und Gärtner, um einen der luxuriösesten Paläste der Stadt zu erschaffen. Atrium und Peristyl erstrecken sich über eine bemerkenswerte Fläche.

Im Atrium ist, neben den zwei außergewöhnlichen Geldtruhen (arcae), ein zierlicher Fries mit abwechselnden Eroten und Psychen zu bewundern. Unter den Zimmern, die an das Atrium anschließen,

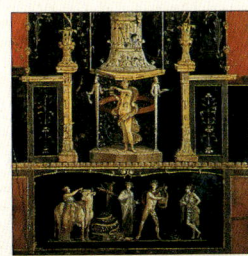

(Esszimmer). Seine Malereien zeigen (über einem Sockel mit alternierenden floralen Elementen, Liebespaare, mythologische Szenen und Psychen) schwarze Bogenfelder auf rotem Grund, in denen Mänaden und Satyrn dargestellt sind und (zwischen diesen und dem Sockel) grazile Eroten, die ein Wagenrennen veranstalten, Öl und Wein verkaufen, Wein lesen und Schmuck herstellen. Trotz der Fülle der Dekorationen hinterlässt das Haus insgesamt keinen überladenen und überquellenden, sondern einen eleganten Eindruck.

ist das links des Eingangs mit Scheinarchitekturen ausgemalt, in die ein Fries mit Meerestieren und kleine Bildfelder mit mythologischen Darstellungen eingebunden sind. Auf der Basis der Grabungsergebnisse ist ein Garten rekonstruiert worden, in den man durch das Peristyl gelangte. Mit seinen kostbaren Pflanzen, Wasser-

spielen und Skulpturen übertraf er das Atrium noch an Luxus.
An den Portikus, der das Peristyl rahmt, schließen sich drei Räume an, zwei davon sind mit architektonischen Perspektiven geschmückt (ähnlich wie im Atrium), in die Seeveduten und mythologische Szenen eingefügt sind. Der größere Raum ist das Triklinium

Oben und Mitte, Wandmalereien aus dem Inneren. 1894 wurde das Haus ausgegraben und mit einem Dach versehen, um die Malereien zu schützen. Die Vettier sind zwei Freigelassene, die durch Handel reich geworden sind. Sie kaufen das Haus nach 62 n. Chr. und bauen es zu einem der prachtvollsten Häuser der Stadt um. Gegenüberliegende Seite, oben, das Atrium; unten, das Larenheiligtum.

Rechts, Ausschnitt eines
Ladentischs.
Unten, Gräber des Calven-
tius Quietus und der
Naevoleia Tyche in der
Nekropole vor der Porta
Ercolano.

Wein- und Ölpressen, Müh-
len und Lagergefäße verschiedener Größe belegen. Trotz
der Relevanz dieser Tätigkeiten herrschen in der *pars urbana* Luxus, Bequemlichkeit
und schöne malerische Dekorationen vor. Beeindruckende
Beispiele sind die Villa der
Poppea in Oplontis, jene von
Fannius Synistor in Bosco-

reale, die Villa des Agrippa Postumo in Boscotrecase und
die Mysterienvilla am Rand von Pompeji, etwas außerhalb der Porta Ercolano, die vor allem wegen ihrer rätsel-
haften Fresken berühmt geworden ist.

Neben den Wohnhäusern gibt es noch eine Reihe von weniger monumentalen Gebäuden, die jedoch eine wichtige
Rolle im Alltagsleben spielten: *horrea* (Magazine), *pistrina*
(Bäckereien), *lupanares* (Bordelle), *cauponae* (Gastwirtschaften), *thermopolia* (Garküchen) und *fullonicae* (Färbereien).

Unmittelbar vor der Stadt, in Richtung der
Mysterienvilla (und in der Nähe zweier weiterer bedeutender Villen, die jedoch nicht so gut
erhalten sind: die des Diomedes und die des
Cicero), erstreckt sich die Nekropole vor der
Porta Ercolano. Einige der Gräber gehören Ein-
zelpersonen, die meisten dienen jedoch ganzen
Familien – Sklaven und Freigelassene eingeschlossen – als Grabstätten. So z. B. bei einem
der aufwändigsten Monumente, dem Grab der
Familie der Istacidier mit einem kleinen Rund-

tempel auf einem hohen Podium. Es mag seltsam klingen, auf diesen Seiten, die vom Alltagsleben in Pompeji handeln sollen, von einer »Stadt der Toten« zu sprechen. Aber in der römischen Gesellschaft wurde die Grenze zwischen den zwei Welten weniger deutlich gezogen. Mindestens zwei Phänomene sind charakteristisch hierfür: der Ahnenkult, den jede Familie pflegte, und das Streben nach Selbstrepräsentation im Grabmonument, das manchmal schon sehr früh im Leben geplant wird. Unter den Gräbern der Nekropole vor der Porta Ercolano, die in ihrer Typologie und Größe sehr unterschiedlich sind, finden wir z. B. das von M. Porcius, vermutlich derjenige, der das *Odeion*

Unten, eine städtische Kreuzung; auffallend die Steinblöcke auf der Straße, die den Fußgängern die Überquerung trockenen Fußes ermöglichten.

und das Amphitheater errichten ließ, oder von Umbricius Scaurus, ein »Großproduzent« des *garum* (die berühmte Sauce aus Fischinnereien), der seiner Stadt ein grandioses Gladiatorenspiel geschenkt hat. Sein hoch umfriedetes Grab zeigt entsprechend eine Darstellung von Gladiatorenkämpfen *(ludi)*.

Andere Gräber haben eine Exedra oder eine Nische oder sind als kreisförmiges Mausoleum oder in Form eines Trikliniums erbaut (in Anlehnung an das Grabbankett, ein weiteres »Verbindungselement« zwischen den zwei Welten).

Wir haben gesehen, wo die Pompejaner gelebt haben (und zum Teil auch, wo sie begraben sind), wir haben gesehen, wo sie waren und auf welche Weise viele von ihnen gestorben sind. Nun können wir mit der Rekonstrution des Alltagslebens in Pompeji beginnen.

Berufe, Handwerk, Kunst und Religion

- Römische Siedler für die Kolonie Pompeji

- Die verschiedenen Berufe

- Öffentliche und private Bauwerke

- Die darstellenden Künste

- Händler und Handelsstrukturen

- Götter und Kulte

Sullas Pompeji profitiert von der Fruchtbarkeit des Bodens, der Verfügbarkeit natürlicher Ressourcen und der günstigen Lage im Knotenpunkt mehrerer Verbindungsstraßen. Die Landwirtschaft spezialisiert sich auf die Produktion von Ölen und Weinen, die bis in die Provinzen Germania und Britannica gelangen. Hoch spezialisierte Ärzte, Juristen und Anwälte arbeiten unermüdlich. Die Baukunst entwickelt effiziente Techniken und die darstellenden Künste glänzen durch erstklassige Werkstätten. Dass es sich um eine lebendige und dynamische Stadt handelt, zeigt sich in dem großen Interesse an Politik und der Vorliebe der Pompejaner für die »inoffizielle« Verehrung von Dionysos und Isis.

Links, Porträt des Bäckers Trentius Neo und seiner Frau. Lange glaubte man, es handele sich um ein Porträt des Paquius Proculus wegen einer Wahlempfehlung an der Wand des Hauses, das Trentius Neo gehörte.
Unten, Balsamarium aus Glas, 1. Jh. n. Chr.

Vor den Bürgerkriegen gehört Pompeji einem Bündnis von Städten Kampaniens unter der Führung von *Nuceria* (Nocera) an, das die Römer im Kampf gegen Hannibal unterstützt. Es ist nur wenig darüber bekannt, wie die samnitischen Städte zu dieser Zeit politisch organisiert waren. Nach dem Bundesgenossenkrieg und der Eroberung durch Sulla erfolgte jedoch sicherlich eine völlige Neuordnung der Verwaltung: Die Römer übertragen der eroberten Stadt den Status eines *municipium*. Die Pompejaner übernehmen damit die Pflichten der römischen Bürger (Militärdienst, Steuern), jedoch nicht deren Vorteile. Das Municipium besitzt keine politische Unabhängigkeit, lediglich eine gewisse Autonomie im Bereich der Verwaltung.

 *Rechts, der öffentliche Brunnen hinter dem Theaterportikus in Pompeji, Kupferstich von J. W. Hüber. Unten, Plan der Funde im westlichen Teil Pompejis, Aquarell von François Mazois (1783–1826).*

Römische Siedler für die Kolonie Pompeji

Nach römischem Recht besteht die Gründung einer Kolonie darin, eine Gruppe von Bürgern zu entsenden, die eine »Filiale« ihres Vaterlandes einrichten. Das kann sowohl an einem unbewohnten Ort – bzw. in der Nähe eines bewohnten, jedoch eroberten und zerstörten Ortes –, im Rahmen einer Gründung *ex-novo* geschehen oder (wie im Fall von Pompeji) an einem schon bewohnten Ort. Dann wird den Bewohnern das Zusammenleben mit den Neu-

ankömmlingen und zugleich die Kontrolle durch diese auferlegt. Es folgt die allmähliche Romanisierung. In unserem Fall entsendet Sulla, der meist nicht sehr schonend mit den von ihm unterworfenen Städten umgeht (Pompeji ergeht es da noch ziemlich gut), eine Gruppe von 5000–6000 Personen, ganze Familien eingeschlossen, die er unter seinen vertrauenvollsten Anhängern ausgesucht hat, in die *Colonia Cornelia Veneria Pompeianorum*. Eine solche Kolonie erfreut sich der römischen Bürgerrechte (anders als die Municipien), aber Vorteile haben davon

Fotografie von Pompeji und dem Vesuv aus den 1930er Jahren.

© Corbis / Grazia Neri

zunächst weniger die ursprünglichen Einwohner (wenn eine Kolonie an einem unbewohnten Ort gegründet wird, stellt sich dieses Problem natürlich nicht), sondern die neu Angekommenen, die schon römische Bürger sind und gerade deswegen entsendet wurden.

In der Regel ist es in den romanisierten Gebieten so, dass die Gegensätze zwischen den ursprünglichen Einwohnern und den Siedlern nach und nach geringer werden und dass man, auch durch eine schrittweise Erweiterung der Rechte, zu einer ausgeglichenen Situation gelangt.

Rechts, Rhyton in der Form eines Hahnes aus dem Haus der Venus in der Muschel, 1. Jh. n. Chr. Unten, Fresko mit der Darstellung weinlesender Eroten (Neapel, Archäologisches Nationalmuseum).

So war es auch in Pompeji, das im Verlauf weniger Jahrzehnte anscheinend relativ einheitliche politische Bedingungen für alle Bürger erreicht. Und diese politische Bedingungen sind, im Gegensatz zu denen anderer römischer Städten, besonders eindrucksvoll und lebendig dokumentiert, da die verschiedenartigsten Zeugnisse fast 2 000 Jahre unter der Lava des Vesuv konserviert wurden. Ein grundlegendes Element dieser Dokumentation sind die »Sgraffiti«, Texte, die direkt auf die Mauern geschrieben wurden, wie etwa die *programmata,* und die sich nur hier in diesem Ausmaß erhalten haben.

Die verschiedenen Berufe

Ausschlaggebend für die offensichtliche Blüte der Stadt bis zum Moment der Katastrophe sind, wie gesagt, die Fruchtbarkeit des Bodens, die Verfügbarkeit natürlicher Ressourcen und die günstige Lage am Knotenpunkt mehrerer Verbindungsstraßen. Die Landwirtschaft ist hoch entwickelt. Früchte und Gemüse aus der Gegend des Vesuv werden von berühmten Autoren hoch gelobt: während Cato in *De agri cultura* die Feigen aus Herculaneum preist, hebt Columella in *De re rustica* den Kohl und die Zwiebeln aus Pompeji hervor.

Aber vor allem loben die antiken Autoren, angefangen mit Plinius d. Ä., den Wein, oder besser die Weine, denn es sind verschiedene Arten und Rebsorten bekannt, unter denen der »Pompeianum« und der »Vesuvinum« zu erwähnen sind. Bei neueren Untersuchungen an Weintrauben ist es sogar gelungen, die Lagen von damals zu »rekonstruieren«. Neben größeren Weingärten, vor allem in der Nähe des Amphitheaters, wurden auch kleine Hausweingärten gefunden.

Eisenhacke aus dem 1. Jh. n. Chr. aus dem Haus des Menander. Unten, Weinpresse aus der Mysterienvilla.

Bemerkenswert ist die Olivenöl-Produktion, aber auch die Jagd, der Fischfang und die Viehzucht sollten nicht vergessen werden. Nicht weit von Pompeji, an der nördlichen Küste des Golfs von Neapel, wird im 2. Jh. n. Chr. zum ersten Mal die Fischzucht eingeführt. Die Zucht »zu Lande«, die vor allem auf Schweine und Geflügel spezialisiert ist, spielt ebenfalls eine wichtige Rolle. Auch Siebenschläfer werden gezüchtet, die eine Köstlichkeit in der römischen Küche darstellten.

Aber kehren wir zu Wein und Öl zurück, die nicht nur angebaut, sondern auch weiter verarbeitet werden müssen. Wein und Öl werden in der Stadt reichlich verbraucht (in einer der vielen Inschriften heißt es: »Prost! Wir trinken wie die Schläuche«), aber auch exportiert. Während für

Die *programmata*

Über die programmata *(Bekanntmachungen) zu reden bedeutet, über Wahlplakate zu reden. Als solche müssen die* programmata *aufgrund ihres Inhaltes bezeichnet werden, obwohl sie nicht auf Papier verbreitet werden. Man schreibt sie direkt auf die Mauern und zwar nicht spontan, sondern nachdem man die Mauer sorgfältig hierfür präpariert hat. Diese Gewohnheit entstand in der vorsullanischen Stadt und lebt während der Zeit der Kolonie weiter. Normalerweise werden die Mauern durch einen* dealbator, *einen Anstreicher, mit einer dicken Kalkschicht vorbereitet. Die Texte werden vorzugsweise nachts geschrieben (auch heute werden ja Wahlplakate noch nachts angebracht), mit Hilfe von Öllampen, die von den* lanternarii *gehalten werden. Die Schreibenden sind nicht die Kandidaten der verschiedenen Ämter selbst, deren Namen sich übrigens davon ableitet, dass sie*

während des Wahlkampfes verpflichtet sind, eine weiße Toga (candida) *zu tragen. Es sind mehr oder weniger qualifizierte Anhänger, die von den Kandidaten vermutlich dazu angehalten wurden. So fordert z. B. Mustio, ein Wäscher (die eigene Rolle oder den eigenen Beruf zu nennen, ist weit verbreitet), dazu auf, Marcius Rufus zum* duovir iure dicundo *zu wählen. Die Duumvirn bekleiden ein Spitzenamt auf lokaler Ebene: Sie berufen Volksversammlungen ein und sitzen dem Stadtrat, der sich aus 100 ehemaligen Magistraten zusammen-*

setzt, und den Versammlungen zur Wahl der Magistraten vor. Sie stehen außerdem an der Spitze der Justizverwaltung. Eine Besonderheit ist, dass Mustio betont, alles allein gemacht zu haben: »Mustio der Wäscher wählt ihn und weißt die Wand [dealbat]; er hat geschrieben allein ohne andere Mitarbeiter.« Bei einer anderen Gelegenheit kandidiert Holconius Priscus für das Amt des Duumvirn. Er wird in verschiedenen Inschriften von den Färbern (fullones) *als Berufsgruppe und von den* spectaculi spectantes, *den »Stammgästen« des*

Amphitheaters unterstützt. Wie groß die Bedeutung dieses Amtes ist, wird durch die Karriere eines anderen Holconius, Marcus Holconius Rufus, bezeugt. Er wird fünfmal zum Duumvirn gewählt, zweimal zum Fünfjahres-Duumvir, der sich mit der (alle fünf Jahre vorgenommenen) Aktualisierung der Liste der Dekurionen, der Mitglieder des Stadtrats, befasst. Holconius bekleidet auch das Amt eines tribunus militum, *und als solcher, gekleidet mit Rüstung und Mantel, ist er in einer schönen Statue dargestellt, die sich in Neapel befindet. Neben den genannten gibt es noch eine andere Art von Duumviri, die* duoviri viis aedibus sacris publicis procurandis, *die sich um den Zustand der Straßen und der sakralen und öffentlichen Gebäude kümmern. Ab Mitte des 1. Jh. v. Chr. wurden diese nur noch* aediles *genannt. Die Kandidatur des Caius Cuspius Pansa für dieses Amt unterstützen die Goldschmiede. Für Trebio Valente treten die Verkäufer der Brotfladen* (focaccie) *an, für Ennius Sabinus die Fruchthändler* (pomadorii). *Caius Lolius Fuscus wird von einer Frau unterstützt: Asellina, Inhaberin eines* thermopolium. *Die zahlreichen, überall erscheinenden Sgraffiti geben uns nicht nur einen Eindruck von den politischen Aktivitäten, sondern auch von den verschiedensten Aspekten des städtischen Alltags. Die Inschriften informieren uns nicht nur über Magistrate, sondern auch über die Existenz und den Einfluss von Berufsverbänden und Zünften. Die Aktivitäten der Handwerker und der Händler bestimmen im Laufe der Zeit immer mehr das Leben der Stadt und erobern sich die Räume des alten kampanischen und römischen Patriziats, das allerdings noch immer mächtig ist.*

Oben, Fragment einer freskierten Mauer mit Wahlempfehlung.
Links, Propagandatexte auf einer Mauer in der Via dell' Abbondanza.
Gegenüberliegende Seite, Rekonstruktion der *programmata* am Haus des Aulus Trebius Valente.

*Rechts, Amphoren aus
Grabungen in der Nähe
eines Hauses.
Unten, Rekonstruktion
einer Olivenpresse (Rom,
Museum der römischen
Kultur).
Gegenüberliegende Seite,
oben, Bronzepfanne und
Schälchen mit Pflaumen;
Mitte, Fresko des 1. Jahr-
hunderts mit der Darstel-
lung eines Banketts, im
Vordergrund zwei Paare
auf Triklinien.*

die Auslieferung des »Pompeianum« und anderer »Nek-
tare« in Pompeji Schläuche benutzt werden, benötigt man
für den Export nach Gallien oder Spanien, nach Afrika
oder Korsika, in die Provinz Germania oder Britannica
etwas solideres: die Amphore. Dort, aber auch anderswo,
ist Wein aus der kampanischen Stadt bezeugt. Die Herstellung von Amphoren und von feinerer Keramik zum
Essen dürfte daher in Pompeji eine große Bedeutung ge-
habt haben. Bisher wurden drei Brennöfen für Keramik
gefunden. Ein Problem war jedoch, dass es in der Gegend
keine besonders reichen Tonvorkommen gab. Tatsächlich
sind relevante Mengen von Importkeramik gefunden worden, die vor allem aus Arezzo und, nach 40 n. Chr., aus
Pozzuoli oder aus Südgallien stammt. Auch Amphoren
wurden wegen des hohen Bedarfs vermutlich importiert.
Was das Öl betrifft, so schätzen die »Spezialisten« die
pompejanischen Ölpressen aus vulkanischem Gestein. Eine andere Produktion industriellen Maßstabes ist die des
garum, einer Sauce aus eingelegtem Fisch. In Pompeji wird

Die täglichen Mahlzeiten

Verschiedenen Überlieferungen nach hielt man es in der Antike für richtig, vier Mahlzeiten am Tag einzunehmen. Zwischen dem Ende der Republik und dem Anfang der Kaiserzeit setzen sich jedoch drei Mahlzeiten durch: ientaculum (Frühstück), prandium (Mittagessen) und cena (Abendessen). Die einzige große Mahl-

zeit ist die am Abend. Die ersten beiden sind in der Regel sehr schlicht und können auch ausgelassen werden. Mit Ausnahme von einigen Kaisern, die von den antiken Autoren der öffentlichen Missbilligung preisgegeben werden – etwa Nero, der sich mittags zu Tisch begibt –, beginnt das Abendessen nach dem Bad am späten Nach-

mittag und sollte möglichst beendet sein, bevor es tiefe Nacht geworden ist. Plinius d. Ä. beendet seine Mahlzeit im Sommer, wenn es noch hell ist. Nur selten dauert ein Abendessen, wie das maßlose Gastmahl des Trimalchio in der Erzählung des Petronius, eine ganze Nacht.

In den Häusern und Wohnungen der Wohlhabenden gibt es in der Regel einen Raum, der für das Abendessen reserviert ist: das Triklinium mit drei Liegen (entlang der Seitenwände und der Rückwand). Die Essenden werden hier von zahlreichen Sklaven bedient und mit Tanz und Musik unterhalten. Jeder verfügt über eine Serviette, damit die Liege nicht beschmutzt wird. Sie dient aber auch dazu, mögliche Essensreste (apophoreta) mitzunehmen (etwas, das heute unhöflich wäre).

Einige Festessen sind außergewöhnlich üppig und warten mit besonders inszenierten Gerichten auf, etwa einer Scheibe mit den Tierkreiszeichen, auf der Nahrung angeordnet ist, die mit den Sternzeichen in Zusammenhang stehen: Ochsenviertel auf dem Stier, Hummer auf dem Krebs usw. Oder sie bieten andere Extravaganzen an: eine Wildsau gefüllt mit Drosseln, ein Schwein, aus dem eine Flut von Würstchen entspringt, begleitet von Weinen verschiedenster Qualität und verschiedenster Preise. Einige Saucen sind aus archäologischen Funden bekannt, wie etwa das garum. Aufgrund von Rückständen in den Gefäßen kennen wir den Amphorentyp, der für den Transport dieses berühmten, aus getrockneten Fischinnereien hergestellten Produkts benutzt wurde, und die großen, in Reihen angeordneten Wannen, in denen die Fische getrocknet wurden.

Rechts, verschiedene Typen von römischen Amphoren. Unten, Bäckerei mit Backofen und Mühlen, 1. Jh. n. Chr.

Gegenüberliegende Seite, oben, Webstuhl, Rekonstruktion des Instituts und Museums für Wissenschaftsgeschichte, Florenz; unten, Brotform aus einer Ausgrabung in Pompeji.

eine besonders geschätzte Variante der Sauce hergestellt. Wie bei der Keramik sind sowohl beim Öl als auch beim *garum* Importe belegt. Der Grund hierfür lag vermutlich nicht darin, dass die lokale Produktion unzureichend war, sondern in der vielseitigen Nachfrage, dem Bedürfnis, etwas anderes zu probieren. Hauptsächlich für den Verzehr vor Ort bestimmt war hingegen die Produktion von Brot und Süßwaren. Über die Stadt verteilt sind über 30 Bäckereien und Konditoreien, die eine hohe Nachfrage belegen. Die produktive Tätigkeit be-

---

Eine verbreitete und lukrative Tätigkeit

Die Herstellung von Brot

31 Bäckereien bzw. Konditoreien sind für Pompeji bezeugt. Während man bis Ende des 2. Jh. v. Chr. aus Mehl eine Art Brei, puls genannt, zubereitet hat, breitet sich von da an die Herstellung von Brot allgemein aus. Es entstehen zahllose Bäckereien (pistrina), in denen der gesamte Herstellungsprozess des Brotes vom Mahlen des Korns an stattfindet. Das Mahlen, das anfangs den Landwirten und dann speziali-

sierten Knechten, den pistolares, vorbehalten war, wird gleichzeitig mit der steigenden Brotproduktion »automatisiert«. Jede Mühle baut sich im

unteren Teil aus einem fixierten konischen Element (meta) auf, das mit einem Holz- oder Eisenbehälter ausgerüstet ist. Den oberen Teil bildet ein bikonisches Element aus Lavagestein (catillus), das sowohl unten (um auf das untere konische Element montiert zu werden) als auch oben ausgehöhlt ist.

schränkte sich aber nicht nur auf den Nahrungssektor. Eines der wichtigsten Handwerke, das mit der Tierzucht in Zusammenhang steht, ist die Wollverarbeitung. Alle Phasen der Verarbeitung sind bezeugt: von der Verarbeitung des Rohstoffes über die Herstellung des Stoffs am Webstuhl bis zur Färbung *(officinae lanifricariae, textoriae, tinctoriae).* Verbunden mit der Tierzucht ist auch die Herstellung von Leder, und auch hier sind alle verschiedenen Herstellungsphasen bezeugt, von der Gerberei bis zur Näherei. Unter den heute als solche

Das Korn wird von oben eingefüllt. Von Sklaven angetriebene Esel versetzen den catillus *in eine Drehbewegung, so dass das Korn, während es nach unten fällt, zu Mehl zerrieben wird.*

In den größten pristina *haben sich meist vier Mühlen, Wannen zum Kneten des Teiges, Backöfen und Verkaufsläden erhalten. Unter den Bäckereien Pompejis zeigt beispielsweise die neben dem Haus des N. Pompidius Priscus (nicht weit von den Zentralthermen) alle diese*

Elemente (und auch noch einige mehr: z. B. eine fünfte, kleinere Mühle). Allein ein Laden für den direkten Verkauf fehlt. Der Betrieb arbeitete also für den Großhandel oder vertrieb seine Waren durch fliegende Händler. Eine andere Bäckerei entstand nach dem Erdbeben von 62 n. Chr. durch die Umgestaltung zweier nebenein-

ander liegender Gebäude und schließt auch ein Stallgebäude für die Esel ein, die die Mühlsteine drehen. Sie wird Bäckerei »des Sotericus« genannt, da an der neben ihr gelegenen Gastwirtschaft eine Person dieses Namens Sgraffiti verschiedener Themen, von Wahlpropaganda bis zum Lob der sexuellen Leistungen einiger Frauen, auf die Fassade gemalt hat. Nur Ostia kann mit Pompeji hinsichtlich Qualität und Quantität der Zeugnisse von Bäckereien konkurrieren.

Oben, Rekonstruktion eines Liktors, Leibwache des Magistrats, mit imperium *(Rom, Museum der römischen Kultur).*
Rechts, Bronzezange,
1. Jh. n. Chr.
Gegenüberliegende Seite, von links nach rechts, Mauerwerk der Technik incertum, reticulatum *und* vittatum.

bezeichneten Berufen finden wir außerdem Ärzte, Juristen und Anwälte. Was die Ärzte betrifft, haben wir im Zusammenhang mit den aufgefundenen Skeletten schon festgestellt, dass ein gewisses Können in der Behandlung von Brüchen und Knochenkrankheiten vorhanden war. Die Chirurgen waren, dem zahlreichen »Besteck« nach zu urteilen, das in einem Haus gefunden wurde, vermutlich hoch spezialisiert. Juristen und Anwälte dürften vielbeschäftigt gewesen sein. Der Sitz des Gerichts ist die schöne Basilika beim Forum, wo man auch das Podium der Redner gefunden hat. In den Archiven bedeutender Familien der Gegend um den Vesuv sind juristische Unterlagen gefunden worden (Archiv der Sulpicii in Herculaneum, in dem auch Prozesse dokumentiert sind, die in Rom verhandelt wurden). Die Tätigkeit eines Juristen oder Anwalts war bis zum Anfang der Kaiserzeit kein eigenständiger Beruf, sie gliederte sich in eine umfassendere politische Tätigkeit ein.

Öffentliche und private Bauwerke

Besondere Beachtung verdienen diejenigen, die im Bereich der Architektur und der darstellenden Künste arbeiten, einem auf jeden Fall lohnenden Bereich. Die antiken Architekten signieren in der Regel ihr Werk nicht. Auch in Pompeji kennen wir deshalb nur sehr wenige Namen, unter ihnen M. Artorius Primus, der in augusteischer Zeit das Theater restauriert. Im allgemeinen sind Architekten verantwortlich für die Ausführung der Arbeiten und für die Wahl und die Verwendung der Materialien. Die Grenzen ihrer Tätigkeit sind allerdings nicht konstant. In der langen Geschichte der Stadt lassen sich verschiedene Bautechniken unterscheiden.

Die verschiedenen Arten des Mauerwerks

Die Bautechniken

Die erste samnitische Epoche (425–200 v. Chr.) wird als »Kalkstein-Periode« bezeichnet, da hauptsächlich Kalk aus den Steinbrüchen des Sarnotals verbaut wird. Die Außenwände bestehen aus rechteckigen Quadern. Die Innenwände sind in Mauerwerk »a telaio« ausgeführt, d. h. mit einem Muster aus langen recht-

eckigen Quadern, die abwechselnd horizontal und vertikal verlegt sind und Bereiche mit weniger regelmäßigen kleinen Kalk- oder Lavablöcken einschließen. Die zweite samnitische Epoche (200–80 v. Chr.), in der die Häuser größer werden, wird als »Tuff-Zeit« bezeichnet. Jetzt bestehen die Außenwände, aber auch die Architrave, Kapitelle und andere Details, nicht mehr aus Kalk, son-

dern aus Tuff aus Nocera. Die Innenwände sind in opus incertum gemauert, das sich neben der charakteristischen Verschalung mit unregelmäßigen Steinen durch einen locker (mit einem Gemisch aus Bruchsteinen und Mörtel) ausgefüllten Mauerkern auszeichnet. Das opus incertum eignete sich für

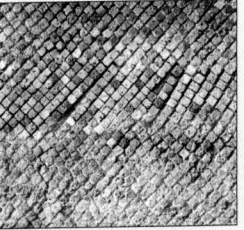

Bögen, Gewölbe und Kuppeln. In der Zeit zwischen Sulla und Augustus (80–27 v. Chr.) geht man bei den anspruchsvolleren Bauten zunächst zum opus quasi reticulatum und dann zum opus reticulatum über. Die Verschalung wird jetzt aus pyramidal behauenen Steinen aus Tuff oder Kalk (tuffelli) gemauert, die mit der Spitze in den Mauerkern gesetzt werden und an der Oberfläche sichtbar

bleiben. Sie formen eine Art Schachbrett oder Netz (daher der Name). In der frühen Kaiserzeit, unter Augustus und Claudius (27 v. Chr. – 54 n. Chr.) wird die Technik des opus reticulatum verfeinert. Daneben wird das opus vittatum oder opus listatum eingeführt, wobei abwechselnd kleine Tuffquader

und Ziegel- oder Backsteine vermauert werden. Diese Technik wird vor allem in den luxuriöseren Gebäuden angewandt. Die Epoche von Neros Thronbesteigung bis zum Vulkanausbruch (54–79 n. Chr.) ist geprägt vom Erdbeben von 62 n. Chr. und den kleineren Beben vorher und danach. Bei Neubauten und Restaurierungen werden jetzt alle Mauertechniken verwendet.

Rechts, Via Stabiana; unten, die Fontana dell'Abbondanza, die der Straße den Namen gab. Gegenüberliegende Seite, Glaskanne aus einem Schrank im Atrium eines Wohnhauses, 1. Jh. n. Chr.

Auch wenn sich das Können der Architekten in Pompeji – mehr als anderswo – im Bereich der Wohnarchitektur zeigt, sind dennoch auch die öffentlichen Bauten bemerkenswert, die Tempel, Thermen und Theater. Die große Begabung der Architekten zeigt sich in so spezialisierten Bereichen wie den Aquädukten (sie gibt es allerdings erst seit augusteischer Zeit,

Ein engmaschiges und durchdachtes Netz

Die Wasserversorgung

Die Verfügbarkeit von Wasser ist unverzichtbar für ein angenehmes städtisches Leben. Obwohl Pompeji in der Nähe des Sarno liegt, besitzt es ursprünglich keine Quellen.

Zwischen dem 6. und dem 3. Jahrhundert werden mindestens 22 Brunnen in den harten Tuffstein gehauen, um in ca. 30 m Tiefe auf eine Wasser führende Schicht zu stoßen. So war

es möglich, die Stabianer Thermen und die Forumsthermen zu betreiben. Nach der Gründung der Kolonie durch Sulla wird ein großes Speicherbecken mit einer Kapazität von ca. 430 000 l angelegt. Ein kleineres Speicherbecken und zahlreiche Zisternen in den privaten Häusern, in die oft auch das Wasser aus den Becken in den Atrien geleitet wurde, stellen einen gewissen Wasservorrat sicher. Aufgrund vereinzelter Hinweise (eine Terrakotta-

vorher nutzte man das in großen Zisternen gesammelte Regenwasser) oder den Thermenanlagen.

Was die Wohnhäuser betrifft, so ist die Situation paradox: Ob die Mauern mit größerem oder kleinerem technischen Aufwand, »vornehmer« oder »gängig« gebaut sind, ist für denjenigen, der sich im Haus befindet nicht zu erkennen. Im Haus sieht man kein *opus reticulatum* oder *opus incertum*, sondern Malereien, die die Mauern *in extenso* schmücken. Keine andere Stadt der antiken Welt hat in solchem Maße Zeugnisse dafür hinterlassen, wie sich die Hausbesitzer in ihren Wohngebäuden Szenarien für ihr Leben entwarfen.

Leitung außen an der Stadtmauer, Eisenrohre unter der Via del Lupanare) wird angenommen, dass bereits in hellenistischer Zeit ein Aquädukt existierte.

Für alle Städte am Vesuv wird in augusteischer Zeit ein großes Aquädukt errichtet, das Wasser aus dem Fluss Serino ableitet. Die Seitenleitung nach Pompeji, die einen täglichen Zufluss von ca. 6,5 Mio. Litern gewährleistet, zweigt im Gebiet von Nola von der Hauptleitung ab. Wir ken-

nen den letzten Abschnitt bei der Porta Vesuvio, wo auch ein Turm für die Verteilung des Wassers in der Stadt steht. Eine Reihe von kleineren Türmen und Bleileitungen stellt die Zirkulation im Stadtgebiet sicher. Dieses Wassernetz bedient viele Privathäuser und mindestens 43 öffentliche Brunnen (so viele wurden bis heute gefunden).

Der Reichtum an Wasser und die durchdachte Verteilung macht die Errichtung neuer Anlagen wie

der Thermen an der Porta Marina und der Thermen des Sarno möglich, aber auch die Verschönerung zahlreicher Häuser mit Schwimmbecken, euripi (Kanälen) und privaten Nymphäen, die mit Mosaiken, Nischen und Dekorationen aus Vulkanschlacke verziert sind. Beispielhaft hierfür sind das Haus des Octavius Quartio, das Haus des Bären, das Haus des Stiers, aber auch die Villa der Poppea in Oplontis und die Villa dei Papiri in Herculaneum.

Die darstellenden Künste

Der Beruf des Malers ist in dieser Hinsicht von größerer
Bedeutung als der des Architekten. Beide Berufe haben
allerdings gemeinsam, dass sie in einer Stadt wie Pompeji,
die eine ziemlich bewegte Baugeschichte hat, kontinuier-
lich Arbeit haben. Die Maler sind in Werkstätten organisiert, mit Meistern und Gehilfen, die einem Bauunterneh-
mer unterstehen und meist Sklaven oder Freigelassene sind. Ein Sklave dieser Art kostet viel
Geld. Und weil sie unfrei sind, bilden
sie keine politisch aktive Gruppe.
Teilnahmen an irgendwelchen Wahl-
kampagnen sind nicht bekannt.
Abgesehen von einigen Fällen, in denen
die Malerei in der Werkstatt in einem
Holzrahmen ausgeführt und dann in die

Mauer eingefügt wird (wichtige Details, Restaurierungen), werden die Fresken in der Regel direkt an die Wand oder die Decke gemalt. Wie Vitruv und die überlieferten Fresken belegen, ist die Ausführungstechnik sehr ausgefeilt: Zunächst werden bis zu sieben, immer dünnere Grundierungen aufgetragen und eine Vorzeichnung angelegt. Dann werden die Farben auf den noch feuchten Putz aufgetragen, was die lange (für Vitruv »ewige«) Haltbarkeit der Fresken sichert. Mit einem Mamorstaub behandelt, erlangen die Malereien schließlich jenen Glanz und jene Dichte, die sie in vielen Fällen tatsächlich bis heute

Mitte, Ausschnitt eines Freskos (Neapel, Archäologisches Nationalmuseum).

erhalten haben – eine Freskentechnik, die sogar die im Mittelalter und in der Renaissance gebräuchliche in den Schatten stellt. Als wirklich große Malerei, dies sei erwähnt, wurde in der antiken Welt allerdings nur die Staffelmalerei angesehen, die allerdings vollständig verloren gegangen ist (»Nur die Staffelmaler sind des Ruhmes würdig«, sagt Plinius d. Ä.).

Nicht alle Arten von Malerei hatten denselben Preis: Die *imaginarii* (Bildermaler) erhielten wesentlich mehr Bezahlung als die gemeinen *parietarii* (Wandmaler). Zusammen mit Architekten und Malern arbeiten die Mosaizisten, die ebenfalls in unterschiedliche Kategorien eingeteilt sind: die *museiarii*, die die Figuren ausführen (die in der Regel von Kartons übertragen werden, die von wieder anderen, spezialisierten Künstlern angefertigt wurden), und die *tesselarii*, die die einheitlichen Hintergründe ausführen. Es

sind nur wenige Namen von Mosaizisten überliefert, darunter jedoch der des Dioskurides von Samos, der in Ciceros Villa bekannte *emblemata,* kleine Bilder mit Theaterszenen, kopiert hat. Diese Mosaiken bestätigen die engen Beziehungen zwischen der

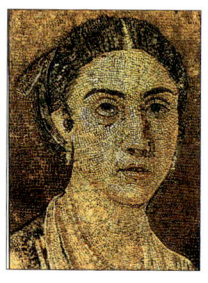

kampanischen und der griechisch-orientalischen Kultur. Natürlich gibt es auch Bildhauer in Pompeji, die *marmorarii* (die ungefähr genauso viel oder etwas weniger als die *museiarii* verdienen), und die mit Bronze arbeitenden *statuarii.* Wir kennen bisher keine Inschriften von ihnen, auch keine Wahlempfehlung. (Es ist auffallend, dass die Künstler in der Politik keine Rolle spielten, was wir für die Maler zu erklären versucht haben, könnte auch für die anderen gelten.) Sicher ist, dass einige Bildhauer vor Ort arbeiteten. Den aufgefundenen Weih-Inschriften nach zu urteilen, gab es in der Stadt mindestens 130 Statuen. (Sie

Oben links, Mosaikfeld von einer Wand, 2. Hälfte des 1. Jh. n. Chr.
Oben rechts, Mosaik mit weiblichem Porträtkopf (Neapel, Archäologisches Nationalmuseum).
Rechts, Ausschnitt eines Mosaik mit der Darstellung von Straßenmusikanten aus der Villa des Cicero, signiert von Dioskurides von Samos.

sind größtenteils verloren, wohl weil die Pompejaner selbst, die dem Unglück entkommen sind, zurückkehrten, um so viele Statuen wie möglich an einen sichereren Ort zu bringen.) An Aufträgen mangelte es also nicht. Wenigstens eine Werkstatt von *marmorarii* und eine Werkstatt von *statuarii* sind bekannt. In der ersteren an der Via Stabiana wurden u.a. Hämmer, Zirkel, Meißel und Holzhämmer gefunden, in der letzteren außerhalb der Porta Vesuvio kleine Ambosse, Modellköpfe aus Stuck für die »Übersetzung« in Bronze und ein signierter Bronzeguss: »Felicio hat es in Pompeji durchlöchert«. Auch die Statue eines Epheben wurde hier gefunden, die Zeit reichte offensichtlich nicht mehr, um sie dem Auftraggeber zu liefern.

Mitte, Marmorporträts einer Frau (julisch-claudisch) und eines Jünglings aus dem Haus des Gitarristen in Pompeji.

Zahlreich sind schließlich die Gemmenschneider und die Kunsthandwerker, die kleine Objekte aus Knochen, Elfenbein oder Metall ausführen. Goldschmiede sind, wie wir gesehen haben, manchmal sogar im politischen Leben präsent. Diese Kunsthandwerker sind vermutlich keine besonders große Berufsgruppe in Pompeji, da man sich schon seit der hellenistischen Zeit an die relativ zahlreichen Werkstätten in der Region wenden konnte. Es sind jedoch Berufsgruppen, die gute Beziehungen untereinander pflegen, wie ein Sgraffito zu bezeugen scheint, in dem der *caelator* (Metallstecher) Prisco den *gemmarius* Campano grüßt.

Oben, römisches Relief des 3./4. Jh. n. Chr. mit einer Marktszene (Vatikan, Museo Gregoriano Profano). Unten, Mamorrelief des 2. Jh. n. Chr. aus Ostia Antica mit der Darstellung des Ladens einer Hühnerverkäuferin.

Händler und Handelsstrukturen

Die verschiedenen kommerziellen Aktivitäten bereichern nicht nur das städtische Leben, sondern sind der Motor der Wirtschaft. Spezialisiert auf Fleisch und Fisch ist der Verkauf im *macellum* (Markthalle). In der Nähe des Forums finden sich die weitläufigen *horrea* (Magazine), Großmärkte, wie wir heute sagen würden. Neben ihnen spielt auch das kleine Geschäft eine bemerkenswerte Rolle: Überall sind z. B. *cauponae* und *thermopolia* (Gastwirtschaften und Garküchen) zu finden, vor allem nach dem Erdbeben 62 n. Chr., als ihre Anzahl auf etwa 200 steigt. Im Vergleich zu anderen römischen Städten ist dies eine sehr hohe Zahl, die sich vielleicht mit den vielen Fremden erklären lässt, die für die Rekonstruktionsarbeiten in die Stadt geholt wurden. Es existieren auch Märkte mit Verkaufsständen, *nundinae* genannt, die den Bauern und Gärtnern aus dem Umland zum direkten Verkauf dienen. Eine besondere Art von inschriftlichen Dokumenten sind die *Indices Nundinarii*, ein Kalender, der die Markttage in den verschiedenen Städten festhält: In Pompeji war immer samstags Markttag. Erwähnt seien auch die Produzenten, die ihre Ware zugleich

verkaufen, wie z. B. Glasblä-
ser und Altwarenhändler, Par-
fümverkäufer und Obsthändler. Ein Beruf
wäre schließlich noch zu nennen, der als
»der älteste der Welt« bekannt ist: Aber
das ist ein Thema, dem wir uns später
widmen wollen.

*Links, Bronzestatuette eines
Straßenverkäufers von Fla-
denbrot* (placentae), *gefunden im Haus des Epheben.
Unten, Venusstatue aus
Marmor mit Farbspuren,
1. Hälfte des 1. Jh. n. Chr.*

Götter und Kulte

»Viele hoben die Hände zu den Göttern; groß war die
Zahl derer, die glaubten, es gebe keine Götter mehr.« In
der Schrecken erregenden, aber eindrucksvollen Erzählung Plinius' d. J. spielt das Thema des Göttlichen
im Moment der Katastrophe eine übertriebene
Rolle. Die Pompejaner scheinen weder vor noch
in den Jahren nach dem Erdbeben 62 n. Chr.
besonders fromm gewesen zu sein. Neuere
Untersuchungen über die religiöse Haltung der pompejanischen Gesellschaft he-
ben hervor, dass nach dem Erdbeben die
Thermen und Paläste rekonstruiert wurden,
Veranstaltungen des Theaters und Amphitheaters zunahmen und eine große Kaserne für die Gladiatoren bereitgestellt
wurde. Gebäude aber wie der Jupiter-Tempel, das *Capitolium* oder das
so genannte Laren-Heiligtum blieben

Ruinen. Um wenigstens die »vorgeschriebenen« Feste des
Kaiserkultes feiern zu können, wurde der Tempel des Vespasian hastig so weit wie nötig in Stand gesetzt.
Dieses Phänomen sollte jedoch nicht als fehlendes religiö-
ses Ehrgefühl gedeutet werden. Vielmehr war die Haltung

Rechts, Bacchus und der Vesuv auf einem Mosaik aus dem Haus der Hundertjahrfeier (flavische Zeit, 69–79 n. Chr.).
Unten, Rekonstruktion des Jupiter-Tempels in einem Aquarell von Mazois.

gegenüber den offiziellen (politischen) Kulten nicht von besonderem Eifer geprägt, da diese immer mehr zu Routine verkommen waren. Mit dieser Haltung unterschieden sich die Pompejaner kaum von Einwohnern anderer Städte. In ihrem Fall hat sie jedoch die kurze Zeitspanne zwischen den zwei Naturkatastrophen in gewisser Hinsicht als unreligiös demaskiert. Ihre Vorfahren waren längst nicht so gleichgültig gegenüber den Göttern.

Ab dem 6. Jh. v. Chr. wurde in der vorrömischen Stadt Apoll verehrt. Später wurden andere wichtige Kulte wie die der kapitolinischen Trias (Jupiter, Juno und Minerva) eingeführt.

Der Förderung des Venus-Kultes durch Sulla war vermutlich Vorbild für die Neuordnung der Kulte unter Augus-

tus. Seine »Religionspolitik« betraf das gesamte römische Reich und bezog den Kaiserkult mit ein. Die Pompejaner waren allerdings eine lebendige Gesellschaft mit vielen Interessen und aufgrund ihrer Handelskontakte offen für fremde Einflüsse: Mehr als die offiziellen Zeremonien übten die Gottheiten der Mysterienkulte Anziehungskraft auf sie aus.

Diese Hinwendung zu den Mysterienkulten zeigt sich in Pompeji besonders deutlich an der Beliebtheit des Bacchus- und des Isis-Kultes. Schon vor der augusteischen »Normalisierung« spielt Kampanien in der Verbreitung des Bacchus- bzw. Dionysos-Kultes eine besondere Rolle.

Unten, dionysische Riten auf einem Fresko (Neapel, Archäologisches National-museum).

Von dort stammt die Priesterin Annia Paculla, die nach Titus Livius großen Anteil an der Popularisierung der Mysterienkulte außerhalb Kampaniens hat. Anfang des 2. Jh. v. Chr. werden diese im gesamten römischen Reich sehr beliebt. An ihren nächtlichen Zeremonien nehmen auch Frauen und Sklaven teil. Die römischen Autoritäten, die wegen der Verbreitung des Phänomens beängstigt sind, verbieten 186 v. Chr. die dionysischen Kulte mit dem *Senatusconsultum de Bacchandalibus,* und führen gleichzeitig strenge Sanktionen für die Zuwiderhandelnden ein. In Pompeji wird das Verbot allerdings nicht befolgt, und es scheint auch keine offiziellen Reaktionen des Senats hierauf gegeben zu haben. Bezug auf den Bacchus-Kult nimmt mit großer Wahrscheinlichkeit der Freskenzyklus in der Villa »der Mysterien«. Ein weiterer Kult, der viele Anhänger hat, ist der der Göttin Isis,

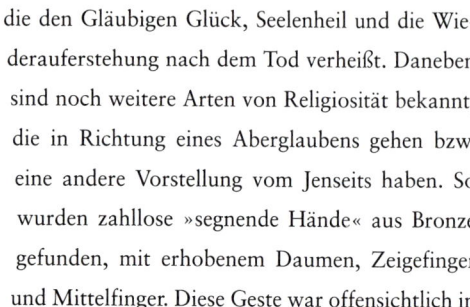

Rechts, Werkzeuggriff aus Knochen mit Dionysos und Pan, 1. Jh. n. Chr.; unten, der Isis-Kult, Fresko aus Herculaneum. Gegenüberliegende Seite, memento mori, Mosaik aus einem Triklinium, das die Vergänglichkeit der irdischen Dinge symbolisiert.

die den Gläubigen Glück, Seelenheil und die Wiederauferstehung nach dem Tod verheißt. Daneben sind noch weitere Arten von Religiosität bekannt, die in Richtung eines Aberglaubens gehen bzw. eine andere Vorstellung vom Jenseits haben. So wurden zahllose »segnende Hände« aus Bronze gefunden, mit erhobenem Daumen, Zeigefinger und Mittelfinger. Diese Geste war offensichtlich in

Von der Autorität bekämpft, und doch weit verbreitet

Der Mysterienkult der Isis

Die Isis-Kult, dessen Zeremonien allein den Eingeweihten verständlich waren, die heimlich die Tempel besuchten, beunruhigt anfangs die Machthaber. Sie versuchen ihn deswegen zurückzudrängen. Doch sie haben keinen Erfolg und er wird schließlich nicht nur erlaubt, sondern verbreitet sich in der Kaiserzeit sogar bis in offizielle Ebenen. In Pompeji ist es nicht anders, nur hat sich hier ein besonders bedeutendes Zeugnis erhalten. Denn nach dem Erdbeben 62 n. Chr. wird mit dem Isis-Tempel anders als mit den anderen Tempeln umgegangen. Er wird von der Familie eines reich gewordenen Freigelassenen, Numerius Popoidius An-

pliatus, restauriert, der als Anerkennung hierfür sogar einen Sitz im örtlichen Senat erhält.
In spät-republikanischer Zeit aus der hellenistischen Stadt Alexandria nach Italien gelangt, hat der Mysterienkult der ägyptischen Göttin Isis sofort großen Zulauf sowohl unter den Aristokraten als auch unter den Freigelas-

senen: Auf dem Kapitol wird ein Iseum errichtet. Isis ist eine faszinierende Figur, die Mitgefühl und Hoffnung verheißt, Ehefrau von Osiris/Serapis, dem Gott des Todes und der Auferstehung, und Mutter des kräftigen Horus. Zwischen dem Ende der Republik und dem Anfang der Kaiserzeit erfährt der Kult ein wechselhaftes Schicksal. Marcus Antonius lässt gemeinsam mit den anderen Triumvirn Octavian und Lepidus auf dem Marsfeld in Rom einen neuen Tempel zu Ehren von Isis und Serapis errich-

der römischen Kultur sehr verbreitet, da sie in verschiedenen Kontexten auftaucht. Aus dem Triklinium eines Hauses, also ausgerechnet aus dem Raum für das Bankett, kommt ein Mosaik mit dem Motiv des *memento mori* (»Gedenke, dass du sterben musst!«). Es zeigt verschiedene symbolische Elemente, unter denen ein Totenkopf hervorsticht (jetzt im Archäologischen Nationalmuseum in Neapel).

ten (»Iseo Campense«). Später sind derselbe Octavian, jetzt als Kaiser Augustus, und sein Schwiegersohn und Mitstreiter Agrippa wenig begeistert über die ägyptische Mode, die sich nach der Eingliederung des Landes am Nil ins römischen Reich dort verbreitet (eine Eingliederung nicht als Provinz, sondern als persönliches Eigentum des Kaisers). Entschieden lehnt Tiberius den Isis-Kult ab: 32 n. Chr. wird das Iseo Campense zerstört, die Statue der Göttin in den Tiber geworfen und die Priester des Heiligtums werden gekreuzigt. Einen kräftigen Aufschwung nimmt der Kult wieder unter den Flaviern.

Der erste von ihnen, Vespasian, wird in Alexandria zum Kaiser erhoben und stellt sich offiziell unter den Schutz von Serapis, später auch unter den von Isis. Unter Domitian wird das Iseo Campense erneuert und vergrößert. Caracalla ist der letzte, der den Isis-Kult fördert. (215, als er sich in Ägypten aufhält, lässt er sogar einige Münzen prägen, auf denen er gemeinsam mit Isis zu sehen ist.) Sein Nachfolger, Elagabal, führt den Kult des Sonnengottes von Emesa ein. Die ägyptischen Kulte verlieren nach und nach ihre Bedeutung. In Pompeji sind die in Italien ältesten Reste eines Isis-Tempels erhalten. Er wurde

am Ende des 2. Jh. v. Chr. errichtet, als die Stadt oskisch war und dem Bündnis um Nocera angehörte, aber auch eine Allianz mit Rom geschlossen hatte. Die erhaltenen Ruinen sind allerdings nicht besonders aussagekräftig, da das Gebäude durch das Erdbeben 62 n. Chr. zerstört wurde und an gleicher Stelle ein neues Heiligtum errichtet wurde (u. a. weil Vespasian es befürwortete). Das Heiligtum schließt neben dem Tempel auch zahlreiche Räume für die verschiedenen Zeremonien des Kultes ein. Leider hatte auch dieser Tempel wegen des Vesuvausbruchs 79 n. Chr. nicht lange Bestand.

Malerei und Mosaiken

- Die pompejanischen Malstile

- *Emblemata* und Mosaike

- Häuser und Unterkünfte von Händlern und Bankiers

   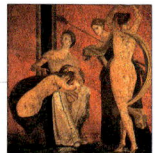

Auch ein Großindustrieller wie J. Paul Getty lässt sich für den Bau eines bedeutenden Museums in Kalifornien vom Prunk der römischen Villen inspirieren. Die Innenräume der wiederentdeckten »Luxus«-Wohnsitze in Pompeji und in der Umgebung des Vesuv sind besonders reich an Fresken, die die »beachtlichste Ansammlung erhaltener Zeugnisse aus dem Bereich der fast verschwundenen klassischen Malerei« darstellen. Die architektonische Struktur der pompejanischen Villen folgt hauptsächlich dem Kanon der römischen Wohnsitze. Das malerische Niveau ist jedoch einzigartig und mit jeder einzelnen Villa ist ein außergewöhnliches »Markenzeichen« verbunden.

Wir wollen nun versuchen, uns den Tagesablauf eines wohlhabenden Pompejaners vorzustellen anhand seines Wohnsitzes. Zwischen *cubicula* und Triklinien, Atrien und Peristylen ist der Pompejaner umgeben von einer umfangreichen und komplexen malerischen Dekoration, an deren Entwurf er vermutlich beteiligt war, indem er die Themen selbst bestimmte. Er konnte nicht wissen, dass seine Fresken 2 000 Jahre später Teil der beachtlichsten Ansammlung erhaltener Zeugnisse aus der klassischen Malerei sein würden. Einer so bedeutenden Ansammlung, dass man für die Einordnung und Klassifizierung dessen, was man an Wanddekorationen kennt, von den vier »pompejanischen Stilen« spricht. Auch wenn die Klassifizierung ab 79 n. Chr. abbricht (während die

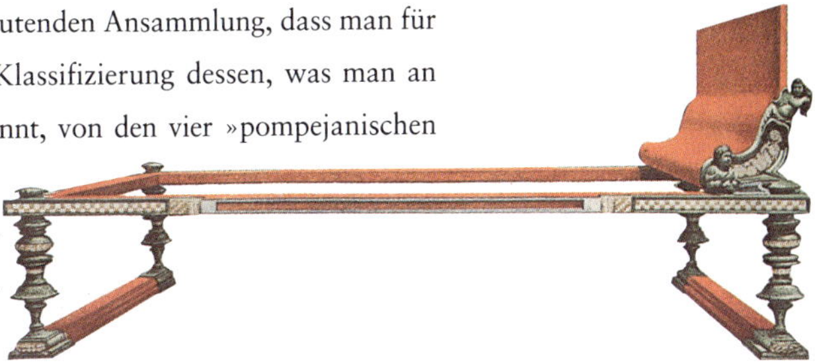

Oben, das Getty Museum in Malibu in Kalifornien; Ende der 1960er Jahre entschließt sich J. Paul Getty, eine römische Villa zu errichten, die als Museum dienen soll, und lässt sich dabei vom Grundriss der Villa dei Papiri in Herkulanuem inspirieren.
Unten, Speiseliege in einer Rekonstruktion des 19. Jahrhunderts

Rechts, Rekonstruktion der verschiedenen Herstellungs-phasen eines Freskos von Sergio Biagi.
Unten, Metallgitter, in der Nähe des compluvium *ange-bracht, um das Eindringen von Räubern ins Haus zu verhindern.*

Produktion von Malerei andernorts weitergeht), und ob-wohl diese Definitionsart das Risiko birgt, dass weniger Informierte denken, nur im römischen Zeitalter wurden in Pompeji Fresken hergestellt, ist die Relevanz dieser Begriffe nicht zu leugnen.

Die pompejanischen Malstile

Der »Erste Stil«, von ca. 200 v. Chr. bis zum Beginn des 1. Jh. v. Chr. verbreitet, wird auch »Mauerwerkstil« genannt, da er mit koloriertem Stuck die Steinquader und die polychromen Marmorplatten der Außenwände hellenistischer Bau-ten nachahmt. Dieser älteste Stil ist seltener belegt als die anderen Stile, was auch damit zusammenhängt, dass einige Malereien des Ersten Stils bei Erneuerungs- oder Restau-rierungsmaßnahmen von solchen des Zweiten, Dritten oder Vierten

Stils abgedeckt wurden. Einige bedeutende Beispiele sind dennoch bekannt, etwa aus dem Haus des Fauns oder aus dem Haus des Sallustius. Letzteres ist eines der ältesten Häuser

Links, Haus des Sallustius, Beispiel für den Ersten Stil: Ausschnitt des zum Atrium offenen Raumes in der Eingangsachse (tablinum).

der »Tuff-Zeit«, das in Wirklichkeit, anders als es die an C. Sallustius gemahnende Inschrift an der Fassade suggeriert, einem gewissen A. Cossius Libanus gehört haben muss, dessen Siegel im Innern des Gebäudes wiederentdeckt wurde.

Der »Zweite Stil«, der zur Zeit Sullas und Augustus' in Mode war, lehnt sich anfangs in mancher Hinsicht noch an den Ersten Stil an. Er stellt ebenfalls Steinquader dar, je-

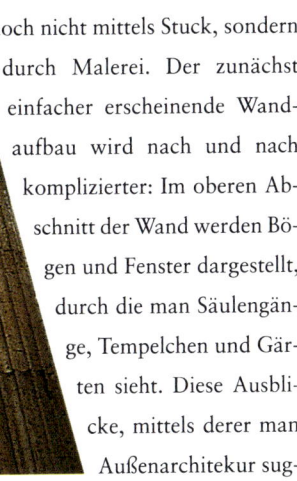

doch nicht mittels Stuck, sondern durch Malerei. Der zunächst einfacher erscheinende Wandaufbau wird nach und nach komplizierter: Im oberen Abschnitt der Wand werden Bögen und Fenster dargestellt, durch die man Säulengänge, Tempelchen und Gärten sieht. Diese Ausblicke, mittels derer man Außenarchitekur sug-

87

Rechts, Atrium eines pom-
pejanischen Hauses auf
einem Ölgemälde Gustave
Boulangers (1824–88).
Unten, hypothetische
Rekonstruktion der Villa
Pisanella in Boscoreale.

gerieren möchte, sind zwar nicht immer geometrisch
korrekt, können sich aber über mehrere Wandzonen erstrecken. Bemerkenswerte Beispiele des Zweiten Stils
finden sich in den Vorstadtvillen in Boscoreale und in der
Mysterienvilla (wo sie allerdings im Vergleich zu den anderen noch komplexeren Malereien nur »zweitrangig«
sind), oder – etwas außerhalb von Pompeji – in der Villa
A in Oplontis. Der suggestive Bezug zur Architektur wird
schwächer und unklarer während des »Dritten Stils«, der
nur kurz, zwischen 20 v. Chr. und um 50 n. Chr. (also von

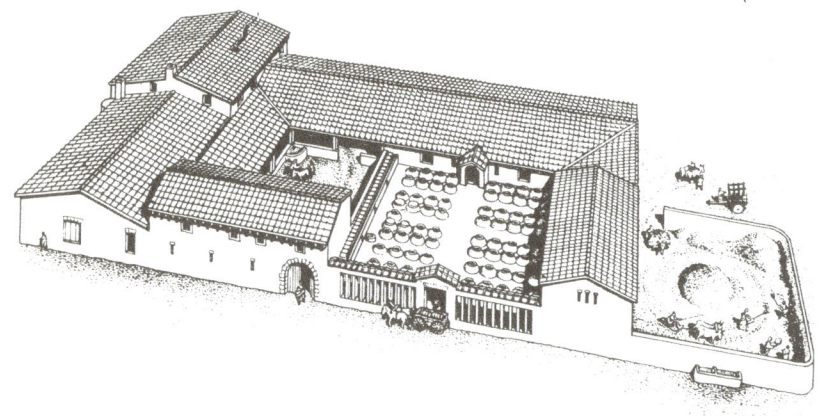

Augustus bis Claudius), in Mode war. Die Dekorationen werden dennoch immer komplexer, denn die Wand ist jetzt in drei horizontale Zonen gegliedert: Unten befindet sich eine Sockelzone, oben ein Bereich, in dem neben Säulchen und Tempelchen, die häufig mit großer Phantasie und wenig Bezug zur realen Architektur dargestellt werden,

Unten, Ausschnitt der Gärten des Getty Museums, eingeweiht 1974.

Orte für die Pflanzenzucht und Orte für die Erholung

Nutzgärten und Ziergärten

© Corbis / Grazia Neri

Schon die ältesten bekannten Wohnsitze in Pompeji hatten an den unbebauten Rückseiten horti (Gärten) für den Anbau von Obst und Gemüse. Nach dem Erdbeben von 62 entstanden im Rahmen der notwendigen Erneuerungs- und Umbaumaßnahmen zahlreiche Gärten, die mit Statuen und Marmordekorationen ausgestattet waren (viele Häuser, vor allem die der Reicheren, wechselten den Eigentümer, denn, wer konnte, siedelte an einen andern Ort über).

Unterschiedlich in Ausmaß und Gestaltung (in manchen Fällen beschränkte man sich auf ein viridarium, einen von Mauern umschlossenen grünen »Flecken«) dienten die Gärten dazu, auch in der Stadt ein Gefühl von Landleben und von otium (Muße) aufkommen zu lassen. Man pflanzte Beete an, deren Blumen geschickt in geometrische Muster geschnitten wurden (ars tropiaria) und rahmte pflanzliche Bereiche mit architektonischen Strukturen wie Peristylen, offenen Triklinien oder den euripi (Kanälen).
Das Haus des Iulius Polybius ist kürzlich für eine

umfassende Untersuchung ausgewählt worden, die die architektonischen und bildlichen Dekorationen, die Ausstattung und die Einrichtungsgegenstände, die Skelette der Bewohner (dreizehn Personen unterschiedlichen Alters und Geschlechts neben dem Skelett eines Pferdes und dem Panzer einer Schildkröte) und das Viridarium einschließen soll. Das Viridarium war mit Bäumen bepflanzt. Sicher konnten die Reste von zwei Feigenbäumen und einem Olivenbaum identifiziert werden. Bei zwei weiteren Bäumen ist unklar, ob es sich um Birnen-, Apfel-, oder Kirschbäume handelt. Im Viridarium ist ferner eine Leiter gefunden worden, die für die Obsternte eingesetzt wurde.

Rechts, Beispiel für den Zweiten Stil: Aufenthalts- und Bankettsaal (oecus) des Hauses mit dem Labyrinthmosaik.
Unten, Beispiel des Dritten Stils: der große oecus der Villa Imperiale.

Ranken und Girlanden auftreten. In der mittleren Zone ist, manchmal zwischen Schmuckkandelabern oder Pflanzenelementen, ein Bildfeld eingebettet. Obwohl dies auch freskiert ist, soll der Eindruck eines *pinax* (Tafelbildes) erzeugt werden, das an der Wand angebracht ist. Die Themen stammen aus der Mythologie und sind häufig mit einem Landschaftsausblick verbunden. Zu den interessantesten Beispielen gehören das Bild im Haus des Marcus Lucrezius Frontone, das in der so genannten »Casa del Frutteto« und das in der

Villa Imperiale. Letztere, von der nicht sicher ist, ob sie tatsächlich Eigentum des Kaisers war, gehört zu den Wohnsitzen, die im römischen Zeitalter an der Innenseite der Stadtmauer errichtet wurden. Etwas außerhalb der Stadt findet man Fresken des Dritten Stils auch in der Villa des Agrippa Postumo in Boscotrecase. Subtile Variationen dieses Stils entstehen während des Übergangs zum »Vierten Stil«.

Dieser Stil ist mit den meisten Beispielen bezeugt, da er zum Zeitpunkt des Vulkanausbruchs in Mode war. In einigen Fällen wurden Fresken des Vierten Stils über früheren Fresken ausgeführt, manchmal sogar über Fresken des Vierten Stils, die während des Erdbebens 62 n. Chr. beschädigt wurden. Die Dreiteilung der Wand wird beibehalten: In der Mittelzone tauchen oft Themen auf, die der hellenistischen Tradition entlehnt sind, wobei das »Bild«

die Hauptsache bleibt. An den Seiten fügen sich jetzt Felder mit Architekturausblicken an, die wieder in Mode kommen. Zu der malerischen Dekoration kommen Stuckelemente hinzu, die zuvor vor allem den Decken vorbehalten waren. Fresken des Vierten Stils

sind nicht nur in den Wohnhäusern nachweisbar (etwa im Haus des Meleager, benannt nach einer Darstellung von Meleager und Atlantis, die Teil eines äußerst komplexen Bildprogramms ist), sondern auch in den Stabianer Thermen und in den Vororten.

Links, Beispiel für den Vierten Stil: das Atrium des Hauses der Vettier.
Unten links, Fresko des Dritten Stils mit der Darstellung eines blühenden Gartens, bevölkert von verschiedenen Vögeln; unten rechts, Fresko, mit zwei Theatermasken.
Beide befinden sich im Haus des goldenen Armreifs, einer Wohnstätte in der westlichen Zone Pompejis.

Rechts, Ausschnitt eines Freskos mit einem Früchte-Stillleben.
Unten, »cave canem«-Mosaik im Eingangsvestibül des Hauses des Tragödiendichters.

Neben mythologischen finden wir die verschiedensten anderen Themen. Ein besonders erfolgreiches Sujet – unabhängig vom Stil bzw. vom Wandaufbau, in den es integriert wird – ist das der »nature morte« (Stillleben). Es handelt sich genauer um *xenia*, Gastgeschenke: Eine hellenistische Sitte, die auf den Brauch zurückgeht, den Gästen Zucht- und Landwirtschaftsprodukte in die Zimmer zu schicken, also Fische und Vögel, Trauben, Früchte und Gemüse.

Emblemata und Mosaike

Die angesprochenen Themen sind nicht nur in den Malereien, sondern auch in den Mosaiken dargestellt. Der Pompejaner läuft, wenn er sich in den verschiedenen Bereichen seines Hauses bewegt, über wertvolle Mosaikfußböden. Diese setzten sich in der Zeit des Zweiten Stils durch. Zunächst sind es »Teppiche« mit geometrischen Motiven in Schwarz und Weiß, in die sich manchmal zentrale Bilder *(emblemata)* mit mythologischen Szenen einfügen. Zeitgleich mit dem Dritten Stil ver-

schwinden die *emblemata*; es entstehen weitläufige geometrische Dekorationen, manchmal mit figürlichen Darstellungen. Sowohl das geometrische als auch das figür-
liche Repertoire werden zur Zeit des Vierten Stils reicher.
Gleichzeitig werden aufwändigere Dekorationen aus Marmor und Muscheln eingeführt. Die Themen, die Architekt,
Maler und Mosaizist – das Einverständnis des Hausbesit-
zers vorausgesetzt – vermutlich gemeinsam auswählten,
spiegeln die Aufteilung des Hauses in verschiedene Bereiche wider. Dies zeigt sich einerseits in der
Sorgfalt, mit der sie in den Räumen angeordnet sind,
und andererseits in den häufigen Beziehungen zwischen der Funktion des Raumes und den dargestell-
ten Figuren: ein Hund am Eingang des Hauses,
Schwimmer in den Bädern, Stillleben in den Speise-
sälen usw. Unter den anderen Themen überwiegt die
Meeresthematik (Anker, Delphine, Seepferdchen,
Dreizacke …), die jedoch in der Regel nur eine
schmückende Funktion hatte und nicht in Zusammenhang mit irgendwelchen Tätigkeiten wie See-
handel oder Schifffahrt stand.

Einige Mosaike übertreffen alle Maßstäbe, nicht
nur hinsichtlich der Dimensionen, sondern auch
was die programmatischen Ambitionen angeht.
Dies ist der Fall beim Alexander-Mosaik im Haus
des Fauns: Eine stark bewegte, pathetische Szene,
die aus anderthalb Millionen kleinen Mosaikstein-
chen besteht. Das Mosaik, das auch Goethe beein-
druckt hat, beruht auf einer malerischen Vorlage,
die vermutlich zwischen dem Ende der Klassik und
dem Beginn des Hellenismus, gegen 320 v. Chr.,
entstanden ist. Sie war sicherlich das Werk eines

*Unten, Rekonstruktion
einer Mosaiksäule aus der
Villa delle Colonne,
19. Jahrhundert*

großen Meisters, der es vermochte, neben dem dramatischen Durcheinander der in den Kampf verwickelten Männer das großartige Motiv eines Lanzenwaldes einzuführen, der sich gegen den Himmel abzeichnet.

Häuser und Unterkünfte von Händlern und Bankiers

In den Häusern (wie auf Straßen und Plätzen) Pompejis gab es vermutlich zahlreiche Statuen. Verglichen mit der

---

Das größte Haus der Stadt

Das Haus des Fauns

Das Haus des Fauns wird in zwei Phasen, Anfang und Ende des 2. Jh. v. Chr., also in der samnitischen Epoche Pompejis, erbaut (an Stelle eines Vorgängerbaus aus dem 3. Jahrhundert). Das Haus ist zur Via della Fortuna hin ausgerichtet und wird als das größte und schönste der

Stadt angesehen. Es erstreckt sich über einen gesamten Häuserblock. Die zahlreichen prächtigen Räume ordnen sich um zwei Atrien und zwei Peristyle an: Im ersten Atrium befindet sich in der Mitte des impluviums (Becken zum Sammeln des Regenwassers) die Statuette eines

tanzenden Fauns, ein hellenistisches Original des 3. bis 2. Jh. v. Chr. An der Rückwand öffnen sich u. a. zwei Triklinien, eines für den Winter (mit einem Mosaik mit Meeresfauna) und eines für den Herbst (mit einem Mosaik, das Dionysos auf einem Panter reitend darstellt). Zwei weitere Triklinien (für Sommer und Frühling) öffnen sich zum ersten Peristyl. Der bedeutendste Raum des ganzen Hauses, und einer der bedeutendsten der gesamten Stadt, ist eine prächtige Exedra, zu welcher man durch eine Fassade »in antis« gelangt (zwei Säulen zwi-

Zahl der Malereien und Mosaiken ist die Menge der Skulpturen allerdings deutlich geringer. Die Malereien und die Mosaiken, und auch die Skulpturen, schmückten jedoch nicht nur die Häuser in der Stadt, sondern auch die Vorstadtvillen und Villen in der Umgebung. Erinnert sei an die Mysterienvilla, die wie üblich eine *pars rustica* (es sind auch zwei Traubenpressen erhalten) und eine *pars urbana* vereint.

Links, silberner kantharos. *Unten,* emblema *mit einer Nilszene; Ausschnitt mit Darstellung Darius' und Alexanders in dem berühmten Mosaik der Schlacht bei Issos (Neapel, Archäologisches Nationalmuseum). Gegenüberliegende Seite, oben, Marmortisch (cartibulum) aus dem Haus des Meleager; unten, Außenansicht des Hauses des Fauns.*

schen zwei Pfeilern mit schönen korinthischen Stuckkapitellen). Die Schwelle ist verziert mit einem Mosaik (Archäologisches Nationalmuseum), das eine Nil-Landschaft mit Pflanzen und Tieren zeigt. Im Inneren befindet sich auf dem Fußboden das berühmte Alexander-Mosaik (heute ebenfalls in Neapel), das die Schlacht Alexanders des Großen gegen Darius bei Issos darstellt. Der besiegte per-

sische König ist dabei zu fliehen. Die Szene ist voller Bewegung und Pathos, belebt von zahlreichen Kriegern, deren Lanzen in die Höhe ragen und sich gegen den Himmel abheben. Das mit 1,5 Mio. kleinen Steinchen ausgeführte Mosaik ist eine hervorragende Kopie eines verlorenen hellenistischen Originals. Dieses muss das Werk eines hochbegabten Malers gewesen sein, Philoxenos aus Etretria und Apelles wurden schon als mögliche Künstler genannt.

Das zweite Peristyl, vor allem hinsichtlich seiner Ausmaße bemerkenswert, wird von einem Portikus von 44 dorischen Säulen begrenzt, an den sich an der Zugangsseite eine zweite Loggia mit ionischen Säulen anschließt. Wie die berühmten Mosaike gehört das zweite Peristyl zu den Ergänzungen und Umbauten aus dem Ende des 2. Jahrhunderts Insgesamt handelt es sich um einen der prunkvollsten Wohnsitze aus hellenistischer Zeit.

Die Mysterienvilla

Die Mysterienvilla ist einer der berühmtesten Wohnsitze Pompejis. Sie liegt außerhalb der Stadt Richtung Norden und wurde in der ersten Hälfte des 2. Jh. v. Chr. als »pseudourbane Villa« erbaut (somit ein herrschaftliches Haus auf dem Land mit den Charakteristika einer städtischen domus). Um die Mitte des 1. Jh. v. Chr. wurde sie erneuert (in jener Phase entstanden die Malereien) und in augusteischer Zeit um eine pars rustica erweitert, einem Trakt für die landwirtschaftlichen Tätigkeiten. Zum Zeitpunkt des Vulkanausbruchs sind erneut Restaurierungsmaßnahmen im Gange, die durch das Erdbeben im Jahre 62 n. Chr. nötig wurden. In den Räumen aus augusteischer Zeit, Unterkünften für die Sklaven, ist das Siegel eines Freigelassenen gefunden worden, des L. Istacidius Zosimus. Vermutlich überwachte er als villicus (Verwalter) die Restaurierungsarbeiten.

Die Villa ist etwa 70 m breit und hat einen nahezu quadratischen Grundriss (auch wenn die Erweiterungen aus augusteischer Zeit, bedingt durch den Verlauf des Straßennetzes, zu einer unregelmäßigen dreieckigen Form geführt haben). Der Eingang für die Besucher ist heute im Westen, auf der Seite des Gebäudes, die zum Meer hin abfällt: Ursprünglich befand sich hier ein Kryptoportikus und darüber Räume, Arkaden und Gärten mit Panoramablick auf das Meer. Der Eingang befand sich im Osten, in dem Teil, der in augusteischer Zeit erweitert wurde, und lag in der Mittelachse von zwei offenen Räumen, dem Peristyl und dem Atrium (in umgekehrter Reihenfolge als üblich). Um diese herum sind zahlreiche Räume verteilt. Gleich rechts vom Eingang wurden verschiedene Geräte für die Landwirtschaft ge-

funden, was darauf hindeutet, dass sich hier die pars rustica *befand*. Vor allem ist die Mysterienvilla aber für die Menge und die Qualität ihrer Fresken berühmt, etwa der Landschaften im Atrium mit Szenen vom Leben am Nil. Dieses Thema, von dem wir hier einem der ältesten Beispiele begegnen, kam in hellenistischer Zeit in Mode. Die berühmtesten Fresken der Villa, der Mysterien-Fries, befinden sich im südwestlichen *triclinium* (Speisezimmer). Vor einem roten Hintergrund sind nebeneinander zahlreiche Figuren dargestellt, die ebenso beeindruckend wie schwierig zu interpretieren

sind. Der jüngsten Interpretation nach, der lange Diskussionen und verschiedene Deutungen vorausgingen, sind hier Initationsriten in die Mysterien des Dionysos (Bacchus) dargestellt, ergänzt durch weitere Themen. Es gibt eine Szene mit einer Frau (Venus?) bei der Toilette, Tanzszenen, Musikszenen usw. Im Zentrum der Rückwand sieht man eine Art Hauptszene: der betrunkene Dionysos neben der thronenden Ariadne und die Enthüllung eines gewaltigen Phallus in Gegenwart eines Dämonen mit einer Peitsche. Die Megalographie (Darstellung überlebensgroßer

Figuren) ist vermutlich von hellenistischen Vorbildern des 4.–3. Jh. v. Chr. beinflusst und wurde – zwar unter Vereinfachungen, aber ohne die expressive Wirksamkeit einzubüßen – von einem lokalen Maler ausgeführt.

Die Präsenz dionysischer Themen in einem luxuriösen Wohnhaus in der Zeit kurz vor 50 v. Chr. zeigt, dass die Kulte des Bacchus trotz des Verbots, das vom Senat per Dekret im Jahre 186 v. Chr. erlassen wurde (Senatusconsultum de Bacchanalibus), *von den Eliten weiterhin gepflegt wurden.*

Oben, Freskenausschnitt mit einem Silenen.
Links, Außenansicht der Mysterienvilla.
Gegenüberliegende Seite, Ausschnitt des Frieses *(Megalographia)* mit der Darstellung von Initiationsriten des Dionysos-Kultes.

Eine einzigartige Si-
tuation finden wir in
einem Gebäude, das
sich ca. 600 m außer-
halb der Stadt befin-
det, in Murecine am
Ufer des Sarno. Erst
1999–2000, während
der Ausbauarbeiten an
der Autobahn Napoli-
Salerno, wurde es ans

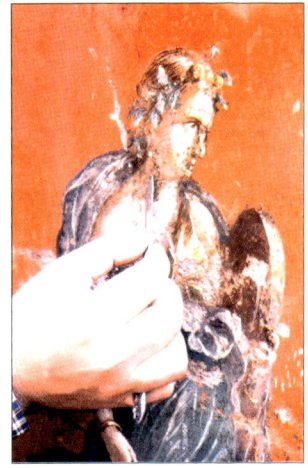

Licht ge-
bracht,

nachdem bereits 1959 einige Funde auf die
Bedeutung des Fundortes hingewiesen hatten.
Es handelt sich um einen Wohnkomplex von
beachtlichen Ausmaßen, in dem sich um einen
weiten, zum Fluss geöffneten Triportikus zahlreiche *triclinia* anordnen: Eher als um eine
domus handelt es sich wohl um ein *hospitium* oder eine
Herberge, die den reichen Händlern vorbehalten war, die

geschäftlich nach Pompeji kamen. Nach dem Erdbeben von 62 n. Chr. wechselte es, wie viele Gebäude, den Eigentümer und möglicherweise auch die Bestimmung. Eine hochinteressante Gruppe von 127 gewachsten Täfelchen erzählt von den Geschäften der Familie der Sulpicii. Vor allem aber sind die Wände mit einer bemerkenswerten Reihe von Fresken des Vierten Stils dekoriert, in denen Helena und die Dioskuren und Apoll und die Musen dargestellt sind. Besonders sorgfältig ist die Figur der Kalliope, der Muse der elegischen Dichtung, ausgeführt worden.

Mitte, Ausschnitt des Säulengangs und des Gartens des Getty Museums.
Unten, Tisch aus Marmor von der Insel Skyros, 1904 aufgefunden.

Ein weiterer außergewöhnlicher Fund ist eine Sammlung von 150 teilweise gewachsten Täfelchen, die in einem Haus in der Via di Stabia gefunden wurden. Es handelt sich um Zahlungsbelege, die von dem *argentarius* (Bankier) L. Caecilius Iucundus ausgestellt wurden. Zu einem Großteil geht es dabei um Versteigerungsverkäufe, die von reichen Freigelassenen oder von Personen, die im Bereich der Seefahrt tätig waren, vorgenommen wurden.

Otium und *negotium*: Zerstreuung und Arbeit

- Zwischen Gaststätten und Theatern

- Die Gladiatorenspiele

- Eros in Pompeji

Das Geschäftsleben blüht: Bäckereien, Wäschereien, Bars und Gaststätten haben regen Zulauf und auf dem Forum wimmelt es von vielbeschäftigten Pompejanern. Dennoch sind Zerstreuung und Unterhaltung grundlegend für das Leben der Pompejaner: Zum otium *(Muße) gehören Aktivitäten wie Lesen, Schreiben und die Zerstreuung im Allgemeinen; Arbeit hingegen wird definiert als das Gegenteil, das* negotium. *Die Theatervorstellungen und Gladiatorenspiele sind sehr gefragt. Ein weiterer wichtiger, interessanter, aber auch kurioser Aspekt des Alltagslebens in Pompeji ist die Liebe und alles, was damit zusammenhängt …*

Im Inneren der Häuser und Villen widmen sich die Römer – und so auch die Pompejaner – den Aktivitäten, die sie bevorzugen: dem *otium*, also der gebildeten Konversation, dem Schreiben und dem Lesen. Wenn sie das Haus verlassen, geschieht dies, um sich mit den Aufgaben des täglichen Lebens zu befassen, dem *negotium*, also all dem, was nicht zum *otium* gehört. Die praktische Arbeit wird mit einem negativen Begriff belegt, während die kulturellen und »menschlichen« Aktivitäten positiv belegt sind. Zum *negotium* gehören: Geschäfte auf dem Forum, Treffen für Gerichtsverfahren in der *basilica*, Verhandlungen im *macellum* (Markthalle). Wenn man sich fortbewegt, muss man den stets heftigen Verkehr von Fußgängern und Wagen einplanen. Das Forum hingegen war Fußgängern

Oben, Computerrekonstruktion von Geschäften in der Via dell'Abbondanza. Unten, Terrakottastatuette einer Schauspielerin mit Maske. Einigen Gelehrten nach handelt es sich aufgrund der flachen Konstitution der Brust auch um einen männlichen Schauspieler, 1. Jh. n. Chr.

*Rechts, Die Taverne des
Nonius Campanius in der
Via degli Augustali.
Unten, Spielwürfel* (tesserae)
*aus Knochen, gefunden im
Haus des Menander.
Gegenüberliegende Seite,
oben, Anlage der Becken in
der* fullonica *des Stephanus;
unten, Wäscher bei der
Arbeit: Ein Arbeiter entwirrt
die verknäulte Wolle, ein
anderer transportiert einen
Käfig, der für die Schwefeldämpfe benötigt wird, mit
denen die Stoffe gebleicht
werden; man beachte den
Kauz auf dem Käfig, der
Athene darstellt, die Be-
schützerin der Wollarbeiter.*

vorbehalten. Im Verlauf eines Tages boten sich zudem Gelegenheiten für einen Tempelbesuch, wobei der Glaube nicht immer besonders ausgeprägt war.

Zwischen Gaststätten und Theatern

Wenn das *negotium* und der Glaube nicht besonders viel Zeit in Anspruch nehmen, so fehlt es nicht an Gelegenheiten, in der Stadt herumzuschlendern, die in erster Linie ein Ort der Begegnung und des geselligen Lebens ist. Neben Bäckereien, wo man frisches Brot verkaufte und den *fullonicae,* wo man seine Kleidung waschen konnte,

gibt es zwischen den Häusern zahlreiche *cauponae* (Gastwirtschaften) und *thermopolia* (Garküchen). Eine der bekanntesten und am besten erhaltenen Garküchen ist die des L. Vetuzius Placidus in der äußerst belebten Via dell'Abbondanza. Der Name ist uns von Inschriften bekannt, die an der Fassade des Gebäudes und auf drei Amphoren, die im Garten gefunden wurden, zu lesen sind. Es fehlt nicht an schöner Malerei, das charakteristischste Element dieser Garküche ist jedoch die (hier vollständiger als anderswo erhaltene) große Theke, in der sich die eingebauten Terrakotta-

Ein Beispiel für eine Wäscherei

Die *fullonica* des Stephanus

Eine fullonica *ist eine Einrichtung, die man als »Wäscherei« bezeichnen könnte. Hier werden einerseits Stoffe fertiggestellt, indem sie nach dem Spinnen bzw. Weben entfettet werden, und andererseits lässt man hier Togen und andere Kleidungsstücke waschen. Die Behandlung der Stoffe erfolgt in Becken* (lacus)*, die in Reihen absteigenden Niveaus gestaffelt sind. Zunächst werden die Stoffe von den Beschäftigten in Soda oder in Wasser eingeweicht, das mit menschlichem oder tierischem Urin (v. a. von Kamelen) vermischt ist. Dann werden sie ausgespült, mit Kreide behandelt, ausgeklopft, gekämmt und aufgehellt, indem man sie über einen Kessel hält, aus dem Schwefeldämpfe aufsteigen. Eine Kuriosität: Der menschliche Urin wird beschafft, indem man die Passanten dazu auffordert, es in Amphoren zu »deponieren«, deren Hals man*

entfernt hat. Sie werden innerhalb des Gebäudes oder an anderen geeigneten Orten aufgestellt … Bemerkenswert ist die praktische Anordnung der Becken und der Arbeitsbereiche in den Wäschereien. In Pompeji befindet sich die wohl bekannteste Wäscherei in der Via dell' Abbondanza, jene des Stephanus, benannt nach einem unvollständigen Sgraffito »Stephanus rogat …« *(Stephanus fragt …). Dort ist auch eine Art Mensa bzw. Küche für die Arbeiter erhalten. Im Büro hinter dem Eingang wurde ein Skelett mit Gold-, Silber und Bronzemünzen in*

Höhe von 1 089 Sesterzen gefunden. Zum Vergleich: 1 652 Sesterze waren der jährliche Mietpreis einer Wäscherei. Die unbedeutendere fullonica *des Fabius Ululutremulus schmückt eine ambitionierte (stilistisch allerdings mittelmäßige) Freskendekoration mit Darstellungen von Romulus und Aeneas, Anchises und Ascanius. Die Berufsgruppe der* fullones *oder Wäscher stellt eine politisch relativ mächtige Berufsgruppe dar. Einer von ihnen, Veranius Hypsaeus, bekleidete verschiedene öffentliche Ämter.*

Oben, Mosaik mit Schauspielern, die sich auf die Vorführung vorbereiten. Unten, das Innere des Thermopoliums.

behältnisse für die Aufbewahrung von warmen Speisen und Getränken erhalten haben. Hinter der Theke befindet sich die Wohnung des Betreibers mit Wandmalereien des Dritten Stils. Die Tätigkeit in einem solchen Betrieb war bestimmt interessant. Selbst die Warenanlieferung ist uns durch eine Malerei überliefert, die die Übergabe von Weinschläuchen darstellt.

Aber es gibt noch andere, z. B. kulturelle Möglichkeiten, seine Freizeit zu verbringen. Vor allem darin zeigt sich die hohe Lebensqualität im römischen Zeitalter. Wenn ein Pompejaner zu den Autoritäten der Stadt gehört, so ist sein Platz im Theater in der *ima cavea*, dem untersten Bereich der halbkreisförmigen, gestuften Zuschauerränge. Wenn er zumindest zu den bekannteren Persönlichkeiten zählt oder eine der unternehmungslustigen und mächtigen Handwerkszünfte repräsentiert, könnte er sich in der *media cavea* niederlassen. Ansonsten müsste er sich mit der *summa cavea* zufrieden geben, den

Eine Bar in der Stadt

Das Thermopolium

Nicht weit vom Haus des Epheben, im Zentrum der Stadt, liefert das Thermopolium interessante Informationen sowohl zum Betrieb solcher Einrichtungen, als auch zum Wohnungsstandard der Eigentümer. In die Theke im Speiseraum dieser Garküche

sind wie üblich einige Krüge (dolia) eingemauert. In einem von ihnen ist der Erlös eines Arbeitstages erhalten 374 Asse und gut 1 237 Quadranten (Kleingeld, das

höchsten Sitzreihen, wo auch die Frauen sitzen. Deren Position – nicht nur im Theater, sondern überhaupt in der Gesellschaft – ist einer näheren Betrachtung wert. Die höchsten Plätze sind jedenfalls nicht notwendigerweise die schlechtesten, nicht nur aus akustischen Gründen. Denn: Fühlen sich wirklich jene am wohlsten, die der Bühne am nächsten sitzen, wenn z. B. bei einer Komödie stinkende Esel auf der Bühne stehen? Die Theatervorstellungen sind ziemlich lebendig. Die Komödien, die Mienenspiele und andere, teils ziemlich anstößige Darbietungsarten werden nach und nach beliebter als die griechischen Tragödien.

Die Gladiatorenspiele

Es ist bekannt, dass die *munera gladiatorii* (Gladiatoren-kämpfe) besonders beliebte Veranstaltungen waren. Zahl-reiche Paare von Kämpfenden, stehen sich in Serien von Duellen gegenüber, welche ganze Tage dauern können. Oder es werden Gladiatoren und wilde Tiere in die Arena geschickt. Ursprünglich fanden solche Spektakel auf den

Unten, Malerei auf Marmor aus Herculaneum mit Astragalspielerinnen, ein dem Würfelspiel verwandtes Spiel (Neapel, Archäolo-gisches Nationalmuseum).

allgemein bei gefundenen Geldvorräten oder unter dem mitgeführten Bargeld nicht vorkommt), was 683 Sesterzen entpricht. Im Hof hinter dem Speisesaal befindet sich ein schönes Lararium, ein kleiner Tem-pel mit korinthischen Säul-chen und den Bildnissen des Hermes, des Dionysos und des Schutzgottes des Eigentümers.
Das Hinterzimmer führt in die Wohnung des Gast-wirts, in der das Triklinium vornehmster Raum ist. Er weist eine elegante Wand-dekorationen auf, mit Ar-chitekturveduten – unter ihnen ein schöner Blick durch Säulen in perspekti-vischer Verkürzung –, mit auserlesenen Kandelabern und Reihern, die sich gera-de aufschwingen wollen. Ferner gibt es ein schönes Gemälde mit dem Raub der Europa durch Jupiter in Gestalt eines Stieres.

Die Spiele im Amphitheater

»Zu jener Zeit entbrannte aus nichtigem Anlass ein wilder Kampf zwischen den Einwohnern von Nuceria und denen von Pompeji während der Gladiatorenspiele, die jener Livineius Regulus, dessen Vertreibung aus dem Senat ich bereits erwähnte, veranstaltete. Zunächst griff berühmte Schlägerei zwischen Pompejanern und den Einwohnern Noceras überliefert, die auch in einem Fresko im Haus des Actius Anicetus in Pompeji dargestellt ist. Diese alten Rivalitäten geschuldete Schlägerei ist eines der vielen Zeugnisse für die leidenschaftliche das einen großen Innenhof besitzt und auf dessen Mauern sich zahlreiche Sgraffiti und Zeichnungen mit Anspielung auf die Spiele befinden, die wohl sämtlich in der Zeit vor dem Erdbeben im Jahr 62 entstanden sind. Wahrscheinlich handelte es sich bei dem Hof um eine Palästra, sodass das Gebäude vermutlich eine Kaserne war. Nach dem Erdbeben wurde die Kaserne dann im ursprünglichen porticus post

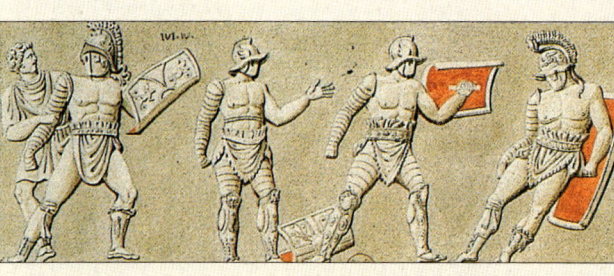

man sich mit Beschimpfungen an, wie es die Provinzler so machen, danach bewarf man sich mit Steinen und griff schließlich zu den Waffen, wobei die Pompejaner, bei denen die Spiele stattfanden, überlegen waren. Deshalb wurden viele verletzt nach Nuceria zurückgebracht, und viele beweinten den Tod ihrer Söhne und Väter.« So wird in den Annalen des Tacitus (XIV, 17) die und geladene Atmosphäre bei den Spielen. Für die Vorstellung der Welt der Gladiatoren, wie auch für viele andere Aspekte des römischen Lebens, ist die Stadt am Vesuv die wichtigste Quelle.

Neben dem Ort, an dem die Gladiatoren kämpfen, dem Amphitheater, kennen wir auch die Orte, an denen sie wohnen und ausgebildet werden. Es gibt ein Gebäude in der Via Nola, scaenam des Theaters eingerichtet (dem Portikus hinter dem Bühnenhaus mit den Funktionen eines modernen Foyers). Hier wurden u. a. prunkvolle Waffen entdeckt, die wohl eher für Paraden als für Kämpfe bestimmt waren: geschmückte Helme und Schienen mit Reliefdarstellungen, zuweilen mythologischer Themen. Wie in dem Gebäude in der Via Nola kann man

auf den Mauern verschiedene Sgraffiti lesen.
Auf die Bedeutung dieser Sgraffiti haben wir bereits im Rahmen anderer Themen hingewiesen: Einige, die die Programme ganzer Vorstellungstage auflisten, sind mit wahrhaftigen Manifesten vergleichbar. Die munera gab es – anders als immer angenommen wird – nicht sehr häufig. Wenn sie jedoch stattfinden, dauern sie meist sehr lange, manchmal, insbesondere wenn es sich um Spiele handelt, die in Rom vom Kaiser veranstaltet werden, sogar mehre Wochen. Am Vormittag finden die venationes statt, Kämpfe zwischen Gladiatoren und wilden Tieren. Mittags werden dann häufig die zum Tode Verurteilten in den so genannten damnationes ad bestias vorgeführt, bei denen die verurteilten Personen unbewaffnet den Raubtieren ausgesetzt werden. Nachmittags finden dann die Duelle statt. Diese Duelle werden nach den verschiedenen Kategorien von Gladiatoren angeordnet: equites (Kämpfer, die den Kampf zu Pferde beginnen und zu Fuß beenden), die gegeneinander kämpfen; Thraker (bewaffnet mit Dolchen mit geschwungenen Klingen und einem kleinen Schild, dem parma) gegen Murmillo (bewaffnet mit Schwert und großem, halbzylindrischem scutum); Retiarier (bewaffnet mit Dolch und vor allem mit einem Netz, um den Gegner einzufangen) gegen Secutor usw. Offensichtlich ist dies nicht nur in Pompeji, sondern überall im ganzen römischen Reich so. Es gibt in fast allen westeuropäischen Städten und den Städten der afrikanischen Provinzen Amphitheater, während in den griechischen und orientalischen Städten die munera in Theatern stattfanden.
Wie in Pompeji sind diese Spiele außer durch Sgraffiti auch durch Reliefs und Malereien dokumentiert. So liefern Mosaike und Skulpturen, Lampen und Becher in Rom und Bologna, in Chieti wie in Tripolis und in Karthago einen breiten und variationsreichen Bestand an Darstellungen von Gladiatoren in vollem Einsatz.

Oben, Elfenbeinstatuette eines Gladiatoren in voller Rüstung (Paris, Louvre). Links, Detail der Gladiatorenkaserne. Gegenüberliegende Seite, Aquarell von Mazois mit Darstellung von Gladiatoren.

Rechts, unvollendetes Fresko mit einem Quadriga-rennen.
Unten, Detail der Arkaden der Zugangsrampe zum Amphitheater in Pompeji.

Foren statt. Dann begann man, Amphitheater zu errich-ten. Jenes in Pompeji gehört zu den ältesten. Dass die Gla-diatorenkämpfe sehr beliebt waren, ist durch die Sgraffiti belegt, die lange und detaillierte Programme mit Namen und Kategorien der Kämpfenden festhalten. Ein großes, heute nicht mehr sichtbares, jedoch durch Zeichnungen aus dem 19. Jahrhundert bekanntes Fresko in seiner Grab-stätte erinnert an Umbricius Scaurus, der einen besonders bedeutenden *munus* organisierte.

Die Zuschauer sind sehr leidenschaftlich bei der Sache, je-doch im Jahre 59 n. Chr. entschieden zu leidenschaftlich,

als eine riesige Schlägerei zwischen den Pompejanern und den Einwohnern Noceras ausbrach. Dieser Vorfall ist in einem berühmten Fresko dargestellt. Wäre das Amphitheater Pompejis nicht er-

halten, böte dieses Fresko eine so naturgetreue Wiedergabe, dass man es nach dieser Vorlage rekonstruieren könnte. Nach diesem Ereignis erlässt der Senat ein Dekret, das die *ludi* für die folgenden zehn Jahre verbietet. Mit einer Art »Amnestie« gestattet Nero jedoch nach dem Erdbeben im Jahr 62 n. Chr. die Wiederaufnahme der Spiele.

Wenn der Pompejaner von der Rolle des Zuschauers in die des aktiven Sportlers wechseln wollte, hätte er damit keine Schwierigkeiten, denn es fehlt dafür nicht an Ein-

Oben, das Innere des
Odeion.
Unten, Sequenz erotischer
Malereien in den Vorstadt-
thermen außerhalb der
Porta Marina.

richtungen. Es gibt die alte, etwas kleinere samnitische Palästra, die oberhalb der *cavea* des
Theaters liegt. Seit dem augustei-
schem Zeitalter steht außerdem
die große Palästra unweit des
Amphitheaters zur Verfügung.
Daneben gibt es natürlich die
Thermen: die Stabianer Thermen
und die auf dem Forum, beides
alte Anlagen, die bereits vor Er-
richtung des Aquädukts vorhanden waren. Eine dritte
Anlage ist kürzlich ausgegraben worden: die Vorstadtthermen außerhalb der Porta Marina. Auch diese Anlage
zeugt von gewissem Aufwand: Später als die beiden anderen entstanden, werden hier einige technische Innovatio-
nen (Verfügbarkeit des Aquädukts, beheizte Schwimmbecken) und neue Regelungen eingeführt: Männer und
Frauen erhalten gemeinsamen Einlass, nicht turnusweise
oder auf getrennten Wegen. Anderenorts ist der Großteil
der Räume dieser Mehrzweckeinrichtungen (Konferenz-
säle, Bibliotheken, Höfe, Palästren) gleichermaßen für
beide Geschlechter zugänglich, die Bäder jedoch nur zu
unterschiedlichen Uhrzeiten. In der Vorstadttherme aber

mischen sich Männer und Frauen wie in einer nordisch inspirierten Sauna. Ihre Berühmtheit verdanken die Thermen allerdings wohl weniger diesem Phänomen als den acht erotischen Szenen, die die Nischen mit den Kleiderschränken im *apodyterium* (Umkleideraum) schmücken. Es sind sehr drastische Szenen, und möglicherweise wurden sie deshalb auch in der letzten Bauphase des Gebäudes mit einer weißen Kalkschicht überdeckt, was jedoch ihre Wiederentdeckung nicht verhindert hat. Sie stellen – wie in einem Katalog – acht verschiedene Typen des Beischlafs dar: die so genannte normale Konstellation, *Venus pendula* (die Frau auf dem Mann sitzend), *coitus a tergo*, *fellatio*, *cunnilingus*, zwei verschiedene Gruppenliebesszenen und eine lesbische Szene. Eine Form von *Kamasutra*, über dessen Funktion noch diskutiert wird. Wahrscheinlich handelt es sich, was sehr unterhaltsam und bizarr wäre, um eine Form von Schild auf dem Schrank, zur Erinnerung für den Nutzer: »Ich habe mich meiner Kleider entledigt im Schrank der *fellatio*, oder in jenem der Liebe zu dritt ...« Eine andere Interpretation wäre, dass die Szenen auf Liebesbegegnungen anspielen, die in anderen abgeschiedeneren Bereichen der Thermen selbst stattfinden konnten. Jedenfalls handelt es sich um eine Mehrzweckanlage, so vielfältig, wie es sie nie zuvor gab.

Oben, Detail eines Freskos mit einer Theatermaske. Unten, Basrelief aus Marmor mit der Darstellung eines Paares im Bett, die Frau in der Stellung »Venus pendula«.

Eros in Pompeji

Die Pompejaner und generell die Römer hatten eine extrem freizügige Einstellung zum Eros und zum Sex, ohne jedes Gefühl von Skrupel oder – wie wir sagen würden – Sünde. Die Stadt am Vesuv stellt auch in dieser Hinsicht einen Fall für sich dar, anderenorts sind Zeugnisse hierzu weitaus

*Rechts, Travertintafel mit einem Phallus und der Inschrift: »hic habitat felicitas« (»Hier wohnt die Freude«).
Mitte, erotisches Bild in einem abgetrennten* cubiculum *(Schlafzimmer) im Haus der Jahrhundertfeier.
Unten, Terrakottalampe in Form eines Fauns, 1. Jh. n. Chr.*

seltener. Die Malereien in den Vorstadtthermen sind, auch wenn sie einige Besonderheiten aufweisen, kein Einzelfall.

Erotisches Bildmaterial ist seit Beginn der Ausgrabungen reichlich entdeckt worden. Seit 1851 sind die Werke »osées« in einer gesonderten Abteilung des Museums in

Neapel gesammelt worden, die den Darstellungen gemäß »gabinetto segreto« (geheimes Kabinett) oder »Collezione

pornografica« (pornographische Sammlung) genannt wurde. Zahlreich sind Malereien und Skulpturen mit Männern und Frauen, aber auch Gottheiten in recht freizügigen Positionen oder Aktionen. Wenn das Fresko »Venus in der Muschel« in der so genannten »Casa di Diana« die Göttin der Liebe nackt und sich sinnlich hingebend darstellt, geht das Haus des Meleager noch viel weiter. Wenn wir das umfangreiche Repertoire an Malereien in diesem Haus Revue passieren lassen, sehen wir verschiedene Szenen von erotischen »Vorspielen«. Unter den Paaren ist auch ein berühmtes, Venus und Mars, der seine Gefährtin umarmt und ihre Brust liebkost, flankiert von Eroten. Die andere bedeutende Stadt am Vesuv, Herculaneum, steht Pompeji in nichts

nach: Aus der Villa dei Papiri stammt eine Skulpturen-
gruppe von exzellenter Machart mit dem Hirten-
gott Pan, wie üblich halb Mensch, halb Tier, der
dabei ist, in eine Ziege einzudringen.

Auch in anderen Häusern sind Malereien dieser
Thematik bezeugt: in den Repräsentationsräumen
Küsse, Umarmungen, heitere Gelage, in den Schlaf-
räumen intimere und anstößigere Szenen. Der
Dichter Propertius (47–14 v. Chr) spricht von einer Mode,
andere meinen, es gehe darum, die Erregung zu fördern.
Im Falle des Bordells scheint die Darstellung solcher

Themen angemes-
sen. Das Bordell an
der Ecke der »Via
del Balcone Pensi-
le« (Straße des hän-
genden Balkons)
ist der bekannteste
Ort der Stadt. Es
ist nicht das einzige
Bordell, doch das
besteingerichtete.
Es reicht über zwei
Stockwerke und be-

Oben, Paarung einer Ziege
mit Pan in einer Marmor-
skulptur des 2. Jh. n. Chr.
aus Herculaneum (Neapel,
Archäologisches National-
museum).
Links, Detail einer Zelle
mit gemauertem Bett des
Bordells.

herbergt mindestens zehn *cubicula* (Schlafzimmer). Diese
sind mit gemauerten Betten ausgestattet und außen mit
erotischen Malereien verziert, die verschiedene der hier
erhältlichen Leistungen darstellen.

Eindrucksvoll sind einige Sgraffiti, wie jenes, in dem sich
eine Dame namens Myrtale als Spezialistin der *fellatio*
bezeichnet. Weitere Sgraffiti enthüllen uns die Namen
anderer Mädchen: Anedia, Aplonia, Attica …

Pompejis Frauen

- Begriffe und Kuriositäten der Prostitution

- Die Rolle der Frau in der Gesellschaft

- Zeugnisse von Frauen

Es ist ein hartes Schicksal, eine Frau zu sein in einer Gesellschaft, die für die Ehe vorschreibt, dass nur die Frau treu sein muss und nur der Mann die Scheidung einreichen kann. Die Prostitution ist weit verbreitet und wird teilweise durch Vorschriften geregelt. Die gesellschaftliche Rolle der Frau erschöpft sich jedoch nicht darin, sexuelle Dienstleistungen zu erbringen: Auch wenn Frauen kein Wahlrecht haben, so gibt es doch Hinweise darauf, dass sie die Wahlen aufmerksam verfolgen. 20 Prozent der Frauen können lesen, und es gibt durchaus auch mächtige Frauen wie Poppea, die Frau Neros, oder Eumachia, die in der Nähe des Forums einen Wollmarkt aufbaut.

Die Welt der pompejanischen Frauen erstreckt sich auf alle Bereiche des gesellschaftlichen Lebens, von der politischen Aktivität bis hin zu den Spielen im Amphitheater, von den Theatervorstellungen bis zu den Thermenbesuchen und geht selbstverständlich über den Bereich von Sex und Eros hinaus (bezahlt oder nicht). Wir beginnen jedoch das Kapitel mit der Prostitution, weil das Phänomen der bezahlten Liebe eines der auffälligsten und erstaunlichsten ist und weil zahlreiche literarische Zeugnisse und Inschriften uns hierzu unmittelbare Informationen liefern.

Die Römer betrachten die Prostitution zum Teil als Tätigkeit von gesellschaftlichem Nutzen. Einigen Gelehrten zufolge fühlen sich Männer, wenn sie ihren Instinkten und Bedürfnissen durch bezahlten Sex nachgekommen sind,

Oben, Théodore Chassériau (1819–56), Frauen im Tepidarium, 1853 (Paris, Musée d'Orsay).
Unten, Ohrringe, gefunden in der Casa del Poeta Tragico.

Oben, Straße, die zum Bordell führt.
Unten, coitus a tergo *in einem Bild im Bordell. Gegenüberliegende Seite, oben,* tintinnabulum *aus Bronze aus Herculaneum. Mitte, Kamee mit erotischer Szene (Neapel, Archäologisches Nationalmuseum).*

nicht mehr dazu genötigt, die Tugend der »ehrenhaften« Frauen anzugreifen. Ehrlich gesagt eine etwas armselige Einschätzung, vor allem, wenn man an die bereits erwähnten Zeugnisse großer Unbefangenheit denkt. Vielleicht ist es klüger, sich von dieser Gelehrtenmeinung zu lösen und sich stattdessen der Untersuchung der reichhaltigen und anschaulichen Dokumente zuzuwenden. Hierfür seien jedoch zunächst noch einige, hauptsächlich technische Details vorausgeschickt.

Begriffe und Kuriositäten der Prostitution

Die Prostituierten werden in Rom und also auch in Pompeji *lupae* oder *meretrices* (von *merere,* verdienen) genannt. Sie werden aber noch mit anderen mehr oder weniger pittoresken Begriffen belegt: *ambulatrices* (Spaziergängerinnen) heißen sie, wenn sie sich ihre Klienten auf der Straße suchen, *fornicatrices,* wenn sie unterhalb der *fornices* (Brücken) arbeiten, *noctilucae* (Glühwürmchen), wenn sie vorzugsweise in der Nacht tätig sind usw. Viele dieser Begriffe sind heute noch im Italienischen geläufig. Neben den »Werbe«-Sgraffiti des Bordells finden sich überall in der Stadt verstreut weitere Namen und Preise. Außerhalb der Porta Marina bietet sich eine Frau namens Attica für 16 Asse, also 8 Sesterze an – ein hoher Preis, bedenkt man, dass zu Beginn der Kaiserzeit der Tagessatz eines Soldaten

Erst erlaubt, dann unterdrückt

Die männliche Prostitution

Der Zensor Cato (bekannt durch die Verschwörung von Karthago) war, wie man weiß, ein eifriger Sittenrichter. Unter den Sitten, die er verurteilte, ist eine besonders erstaunlich: Seine Mitbürger sind bereit für einen Prostituierten genau so viel zu zahlen wie für ein Landgut. Daraus kann man schließen, dass die männliche Prostitution im Allgemeinen einträglicher war (in Pompeji verhält es sich allerdings anders, wie wir später sehen werden), als die weibliche Prostitution, für die nur wenig gezahlt wurde. Männliche Prostituierte waren vor allem reiche, verwöhnte und launische junge Männer. Man muss allerdings hinzufügen, dass der große Zensor nicht an der Homosexualität Anstoß nahm, die in der Antike besonders beim »aktiven« Part nicht gerügt wurde, sondern an dem Preis. Mit derselben Härte kritisiert er auch denjenigen, der sich zu teurem Preis Kaviar vom Schwarzen Meer verschafft.

Während der Kaiserzeit kommt es zu härteren Urteilen gegen erwachsene Prostituierte, zumindest gegen jene, die »passiv« sind; denn die Idee der Männlichkeit war mit der »Aktivität« verbunden, sei es bei Heterosexuellen oder Homosexuellen. Die Bestrafungen, die Männern, die sich »wie Frauen« paaren, drohen, werden immer drakonischer, bis im Jahre 342 die Bestrafung »mit dem Schwert« eingeführt wird (man weiß nicht, ob man die Verurteilten tötete oder entmännlichte), und 390 die Strafe, sie lebendig vor dem Volk zu verbrennen. Es ist unklar, ob sich diese Strafe auf alle Prostituierten bezog oder nur auf die, die wir heute als »Transvestiten« bezeichnen.

Doch nun zu der Frage: Warum war die Situation in Pompeji eine andere? Nach dem, was man in den Sgraffti liest, scheinen die lokalen Prostituierten, im Gegensatz zu dem, was man aus Catos Berichten schließen kann, arme Teufel gewesen zu sein: Ein gewisser Menander bietet sich für 2 Asse an, ein gewisser Felix für 4. Andere sprechen, indem sie ihre Dienste anpreisen, von cunnilingus: Wenn das kein Scherz ist (und in anderen Texten wimmelt es von deftigen Witzen über Männer, die beschuldigt werden, ihre Tätigkeit nicht ehrenvoll auszuüben), muss man davon ausgehen, dass die männliche Prostitution sich auch an ein weibliches Publikum richtete.

2,50 Sesterze betrug. Andernorts gibt sich eine gewisse Spes mit dem angemesseneren Betrag von 9 Assen zufrieden. Und andere Frauen, wie Lahis, verkaufen sich für sehr wenig Geld: für 2 Asse. Lahis nennt sich in ihrem Sgraffito, das in die Mauer des Gebäudes der Eumachia, nahe dem Forum, eingeritzt ist, auch *fellatrix*.

Wo auch immer sie arbeiten und wie auch immer ihre mehr oder weniger spezielle Bezeichnung lautet, die Prostituierten müssen stets als solche erkennbar sein. Ihre »Uniform« ist die Toga – ein Gewand, das eigentlich für Männer bestimmt ist –, so getragen, dass die Knie unbedeckt bleiben. Die Haare sind rot (sei es, dass es sich um eine Perücke handelt oder sei es, dass die Haare gefärbt werden), weshalb viele von ihnen den »Künstlernamen« »Rufa«(Rote) verwenden.

Oben, die Liebenden Mars und Venus in Anwesenheit Cupidos auf einem Silberbecher aus augusteischer Zeit aus dem Haus des Menander.
Unten, Medaillon mit Mädchenporträt.

Die Rolle der Frau in der Gesellschaft

Von den Frauen Pompejis zu sprechen, heißt aber auch etwas ganz anderes: Es wurde bereits festgestellt, dass sie freien Zugang zu Thermen und Theatern hatten. Zu behaupten, dass sie mehr als anderswo an der Politik teilnehmen, wäre unklug, weil man so die überlieferten Zeugnisse vielleicht überbewerten würde. Immerhin lässt sich ihre Rolle im politischen Leben relativ gut belegen. Obwohl sie weder aktives noch passives Wahlrecht besitzen, da die Politik *virile officium* (Pflicht und Privileg der Männer) ist, verfolgen die Frauen, zumindest in bestimmten Fällen, aufmerksam die Wahlen. Von den 2 500 bekannten Wahl-Sgraffiti (30 Prozent davon sind unterzeichnet), sind 52 von Frauen unterschrieben. Das ist nicht viel, aber immerhin etwas. 20 Prozent der Frauen können lesen und schreiben.

Im Umkreis des Vesuv leben reiche und mächtige Frauen: Es ist so gut wie sicher, dass die Villa Oplontis Eigentum der Poppea, der Frau Neros war. In Pompeji sind zumindest Mamia und Eumachia zu nennen. Mamia, eine Priesterin aus einer alten samnitischen Familie, schenkt der Stadt einen Tempel »für den Genius des Augustus«. Auch Eumachia zeigt sich großherzig: Sie lässt im 1. Jh. n. Chr. ein Gebäude neben dem Forum errichten, das vermutlich für den Wollmarkt bestimmt war. Eumachia erlangt ihren Reichtum mit der Herstellung und dem Handel von Wein. Anders liegt der Fall der Freigelassenen Nevoleia Tyche, die ihren Aufstieg der Heirat mit einem angesehenen Mann verdankt: C. Munazio Fausto, einem Priester und Dekurion. Aus Dankbarkeit lässt Nevoleia Tyche ein schönes Familiengrab errichten. Außerdem weiß man von Frauen, die Immobilien besaßen und verwalteten. So z. B. ließ Iulia Felix eine Bekanntmachung am Haupteingang anbringen, in der ein Bad, *tabernae*, *pergulae* und *caenacula* (Geschäfte, Dachböden und Wohnungen) zur Vermietung angeboten wurden. In einer Gesellschaft wie der römischen, die strengen Regeln und Formvorschriften unterworfen ist, unterliegt auch die Ehe einer Reihe rigider Grenzen.

Mitte, Zitter spielende Frau in einem Fresko aus der Villa von Boscoreale von ca. 50 n. Chr. (New York, Metropolitan Museum of Art).
Unten, Kästchen mit Schminkutensilien.

© Erich Lessing / Contrasto

Oben, Armreif aus Gold in Schlangenform.
Unten, Grabaltar aus dem 1. Jh. n. Chr. mit Hochzeitsszene (Rom, Römisches Nationalmuseum).

Zeugnisse von Frauen

Es gibt Sgraffiti, die gewisse Sittenfreiheiten für unverheiratete Frauen bezeugen: Nicht wenige Mädchen oder Damen müssen versucht haben, mit Gladiatoren zu flirten, wenn sich einer von ihnen, der Thraker Celadus, als *suspirium puellarum* (der von den Mädchen Ersehnte = Frauenheld?) bezeichnet. Ein anderer, der Retiarier Crescens, behauptet von sich, *puparum nocturnarum medicus* (Arzt der Mädchen der Nacht) zu sein. Ein weiteres einzigartiges pompejanisches Zeugnis wurde in der Kaserne der Gladiatoren zu Tage gefördert: Unter den Körpern, die durch den Vulkanaus-

---

»Nur die Frau ist zur Treue verpflichtet«

Die Zeremonie der Ehe

Bereits das Hochzeitszeremoniell sieht zwischen seinen verschiedenen Elementen (Weissagungen, Opfer, Prozessionen, Gesänge) den Augenblick der *caelibaris hasta* vor, das ist eine Art Stab, mit dem der Ehemann die Haare der Ehefrau in sechs große Strähnen teil. Diese Zeremonie ist vermutlich als Ausdruck der Autorität des Mannes zu interpretieren, die sich letztendlich im gesamten Verlauf des Ehelebens manifestiert: Allein die Ehefrau ist zur Treue verpflichtet, nur der Mann hat das Recht, sich scheiden zu lassen; wodurch die Scheidung eher an ein

Verstoßen aus der Ehegemeinschaft erinnert. Auch wenn sich in vielen Fällen tatsächlich eine Art von Zuneigung und eine Art Zweckgemeinschaft bildet, wie sie von der Ehefrau (immer noch während der Hochzeitszeremonie) in der Weissagung Ubi tu Gaius ego Gaia ausgedrückt wird, so werden die großen Gefühle doch durch den »Käfig« aus Verordnungen und Bräuchen behindert. Leidenschaftliche Liebe blüht außerhalb der Ehe auf. Die Dichter, die von den Qualen des Herzens singen, sprechen nie von legitimen Ehefrauen.

Pompeji überliefert uns ein seltenes Textbeipiel, in Form eines gewöhnlichen Sgraffito, in dem auf ein Eheglück angespielt wird, das an sexuelle Harmonie gekoppelt ist: Man beglückwünscht einen gewissen Eulale dazu, seine Frau Vera »gut zu ficken«.

bruch in den Ruinen des Gebäudes auf dramatische Weise »versiegelt« wurden, ist der einer reich mit Juwelen ausgestatteten Matrone gefunden worden. Handelt es sich um die Geliebte eines Kämpfers, die ihren Freund besucht hat und in der letzten Umarmung von Lava und Gesteinsbrocken überrascht wurde? Es könnte sich aber auch um eine *ludia* handeln, die legitime Frau eines Gladiatoren. Oder sogar um eine unglückliche Passantin, die wie so viele vergeblich versucht hat, dem Wüten des Vulkans zu entkommen.

Aber das ungewöhnlichste Dokument eines authentisch wirkenden Gefühls ist ein Sgraffito an einer Wand des bereits erwähnten Hauses des Menander. Das Sgraffito ist einer hellenistischen Literaturgattung zuzuordnen, den »lamento davanti alla porta chiusa« (Klagen vor verschlossener Tür), und lautet folgendermaßen: »Oh könnte ich Dich doch mit den Armen festhalten und Deine zarten Lippen küssen! Jetzt geh fort, Mädchen und vertraue Deine Freuden den Winden an … Oft wachte ich Verlorene mitten in der Nacht, mit mir selbst meditierend … So plötzlich wie Venus die Körper der Liebenden vereinte, trennt sie das Licht der Morgendämmerung …«

Oben, hintereinander. Atrium, Tablinium und Peristyl im Haus des Menander.
Unten, Ehefrau des Augustus, aus der Villa dei Misteri.

Chronologie

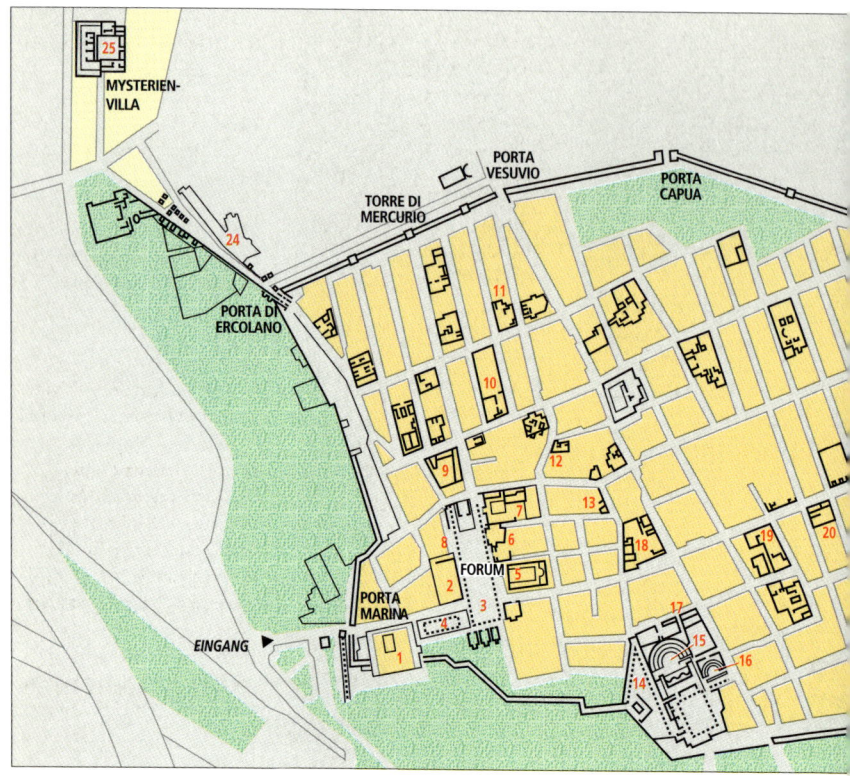

14. – 6. Jh. v. Chr.
In Poggiomarino (20 km von
Pompeji am Sarno) entsteht eine
Pfahlbausiedlung der »Sarrasti«.

7. Jh. v. Chr.
Pompeji entsteht am Flusslauf
des Sarno, auf einem Ausläufer
des Vulkans.

6. Jh. v. Chr.
Starker Einfluss der Etrusker in
Pompeji.

474 v. Chr.
Die Etrusker werden von den
verbündeten Syrakusanern und
Cumaeern geschlagen.

5. Jh. v. Chr.
Die etruskischen und griechischen Einflüsse werden schwächer; die samnitische Expansion
beginnt.

4. Jh. v. Chr.
Bau der Stabianer Thermen in
Pompeji.

2. Jh. v. Chr.
Errichtung der meisten pompejanischen Gebäude und verschiedener Tempel, des Jupiter-
Tempels an der Nordseite des
Forums, des Apollo-Tempels an
der Westseite

90–88 v. Chr.
Bundesgenossenkrieg zwischen
Rom und den Verbündeten
(socii), italischen Stämmen, die
Pompeji mit anderen kampani-
schen Städten unterstützt.

89 v. Chr.
Besetzung und Eroberung Pompejis durch Sulla.

80 v. Chr.
Sulla gründet eine Kolonie, der
er den Namen seiner Familie,
Cornelia, und der Göttin Venus
gibt: *Colonia Cornelia Venere
Pompeianorum.* Kurz danach
wird das Amphitheater errichtet.

1 Venus-Tempel
2 Apollo-Tempel
3 Forum
4 Basilika
5 Gebäude der Eumachia
6 Tempel des Vespasian
7 Macellum
8 Getreidespeicher und Mensa Ponderaria
9 Forumsthermen
10 Haus des Fauns
11 Haus der Vettier
12 Bäckerei
13 Bordell
14 Forum Triangolare
15 Großes Theater
16 Odeion
17 Isis-Tempel
18 Stabianer Thermen
19 Walkerei des Stephanus
20 Garküche des Vetuzius Placidus
21 Haus des Octavius Quartius
22 Amphitheater
23 Große Palästra
24 Nekropole vor der Porta Ercolano
25 Mysterienvilla

PORTA DI SARNO

PORTA NOCERA

EINGANG AMPHITHEATER

23 n. Chr.
In Como wird Gaius Plinius Secundus (Plinius d. Ä.) geboren. Schriftsteller und wichtiger Zeuge des Untergangs von Pompeji 79 n. Chr., bei dem er in Stabiae zu Tode kommt.

61 n. Chr.
In Como wird Gaius Plinius Caecilius Secundus (Plinius d. J., Neffe von Plinius d. Ä.) geboren. Während des Vesuvausbruchs hält er sich in Misenum auf, seine Briefe liefern jedoch eine genaue Beschreibung des Ereignisses.

62 n. Chr.
Schweres Erdbeben in Pompeji.

79 n. Chr.
Der Vesuv bricht aus und verschüttet Pompeji und die Pompejaner.

17. Jh.
Zufälliger Fund einiger Ruinen, Inschriften und Münzen in Civita.

18. Jh.
Zufälliger, aber wirkungsreicher Fund von Skulpturen in Resina.

1738
Die Bourbonen entscheiden, in Herculaneum zu graben.

1748
Beginn der Ausgrabungen in Pompeji.

1763
Fund einer Inschrift, in der die *Respublica Pompeianorum* erwähnt wird.

1787
Johann Wolfgang von Goethe besucht die Ruinen von Pompeji.

Ende 18.–Anfang 19. Jh.
Die Sammlungen der königlichen Villa in Portici und des Real Museo Borbonico, Kern des Archäologischen Nationalmuseums in Neapel, entstehen.

1861
Die Leitung des Museums wird Alexandre Dumas' Vater anvertraut.

1863
Giuseppe Fiorelli übernimmt die Leitung der Ausgrabungen, die er bis 1875 innehaben wird. Fiorelli ist auch der Erfinder (1863) der Gipsabgüsse der Personen, die während des Ausbruchs starben.

1910–1923
Vittorio Spinazzola, seit 1910 Grabungsleiter, setzt die Ausgrabung der Via dell'Abbondanza fort.

1924–1962
Epoche des berühmten Archäologen Amedeo Maiuri als Leiter des Denkmalamtes.

Literaturempfehlungen

Adam, J. P., *L'arte di costruire presso i Romani: materiali e tecniche*, Mailand, 1984.

Bulwer-Litton, Ewald, *Die letzten Tage von Pompeji* (Roman), Bindlach, 2004.

Cantarella, Eva, *Pompei: i volti dell'amore*, Mailand, 1998.

Coarelli, Filippo, *Pompeji*, München, 2002.

Dickmann, Jens, *Pompeji. Geschichte und Archäologie*, München, 2005.

Eschebach, Hans u.a., *Die Stabianer Thermen in Pompeji*, Berlin, 1979.

Gesemann, Björn, *Die Straßen der antiken Stadt Pompeji*, Frankfurt, 1996.

Guzzo, Pier G. und Wieczorek, Alfried, *Pompeji – Die Stunde des Untergangs*, Stuttgart, 2004.

Jacobelli, L., *Le pitture erotiche delle Terme Suburbane di Pompei*, Rom, 1995.

Kockel, Valentin, *Die Grabbauten vor dem Herkulaner Tor in Pompeji*, Mainz, 1983.

Maiuri, Amedeo, *Pompei ed Ercolano. Fra case e abitanti*, Florenz, 1998.

Mazzoleni, Donatella u.a., *Pompejanische Wandmalerei. Architektur und illusionistische Dekoration*, München, 2005.

Nappo, Salvatore Ciro, *Pompeji – Die versunkene Stadt*, Köln, 1999.

Panetta, Araldo DeLuca, *Pompeji. Geschichte, Kunst und Leben in der versunkenen Stadt*, Stuttgart, 2005.

Richter, Dieter, *Pompeji und Herkulaneum. Ein Reisebegleiter*, Frankfurt, 2005.

Zanker, Paul, *Pompeji. Stadtbild und Wohngeschmack*, Mainz, 1995.

Neuerscheinung bei Parthas:

Peter Watson/Cecilia Todescini
Die Medici Verschwörung
Der internationale Handel mit Kunstschätzen
aus Plünderungen antiker Gräber

Aus dem Italienischen von Ulrike Seith.
ca. 300 Seiten, Hardcover, Fadenheftung,
Schutzumschlag, 15,5 x 21,5 cm
ISBN 978-3-86601-905-8
ca. € 24,00

Bei Parthas in der Reihe *Bildlexikon der Kunst* bereits erschienen:

*Umfang zwischen 352 und 384 Seiten,
durchgängig vierfarbig bebildert,
Fadenheftung, Paperback, 13,5 x 20 cm
€ 24,80*

*Band 1
Götter und Helden der Antike
ISBN 3-936324-56-1*

*Band 2
Die Heiligen – Geschichte und Legende
ISBN 3-936324-57-X*

*Band 3
Symbole und Allegorien
ISBN 3-936324-00-X*

*Band 4
Erzählungen und Personen des Alten Testaments
ISBN 3-936324-01-8*

*Band 5
Erzählungen und Personen des Neuen Testaments
ISBN 3-936324-02-6*

*Band 6
Engel, Dämonen und phantastische Wesen
ISBN 3-936324-04-2*

*Band 7
Die Natur und ihre Symbole
ISBN 3-936324-03-4*

*Band 8
Astrologie, Magie und Alchemie
ISBN 3-936324-14-X*

*Band 9
Ikonen. Meisterwerke der Ostkirche
ISBN 3-936324-05-0*

*Band 10
Techniken und Materialien der Kunst
ISBN 3-936324-30-6*

*Band 11
Gärten, Parks und Labyrinthe
ISBN 3-936324-05-0*

*Band 12
Der menschliche Körper.
Anatomie und symbolische Bedeutung.
ISBN 3-936324-30-6*

Bei Parthas in der Reihe *Bildlexikon der Völker und Kulturen* bereits erschienen:

Band 1
Mesopotamien
Sumerer, Assyrer und Babylonier

384 Seiten,
durchgängig vierfarbig bebildert,
Fadenheftung, Paperback, 14 x 20 cm
ISBN 978-3-936324-71-6
€ 24,00

Band 2
Rom
Kultur der antiken Stadt

384 Seiten,
durchgängig vierfarbig bebildert,
Fadenheftung, Paperback, 14 x 20 cm
ISBN 978-3-936324-72-3
€ 24,00